Ein Jahr lang Schüler 34 in Klasse A

von En Zuo

aus dem Chinesischen übersetzt von Katrin Buchta

Eines Morgens blätterte ich beim Frühstück
durch die Zeitung
und entdeckte dabei zufällig inmitten all der Artikel
einen Bericht über einen Schulschwänzer.
Dort hieß es,
das Kind sei schon mehrmals weggelaufen.

Ab und zu hört man davon, dass Kinder von Zuhause verschwinden.
Was aber meine Aufmerksamkeit an diesem Bericht weckte, war, dass
das Kind in einem Aufsatz Folgendes geschrieben hatte:
Ich möchte ein streunender Hund sein,
weil streunende Hunde frei sind ...

Als ich das gelesen hatte,
wollte ich alles stehen und liegen lassen, um
jemanden zu suchen.
Aber bevor ich jetzt aufbreche,
möchte ich euch eine Geschichte erzählen.
Weil diese Geschichte mit demjenigen zu tun hat,
den ich suchen möchte.

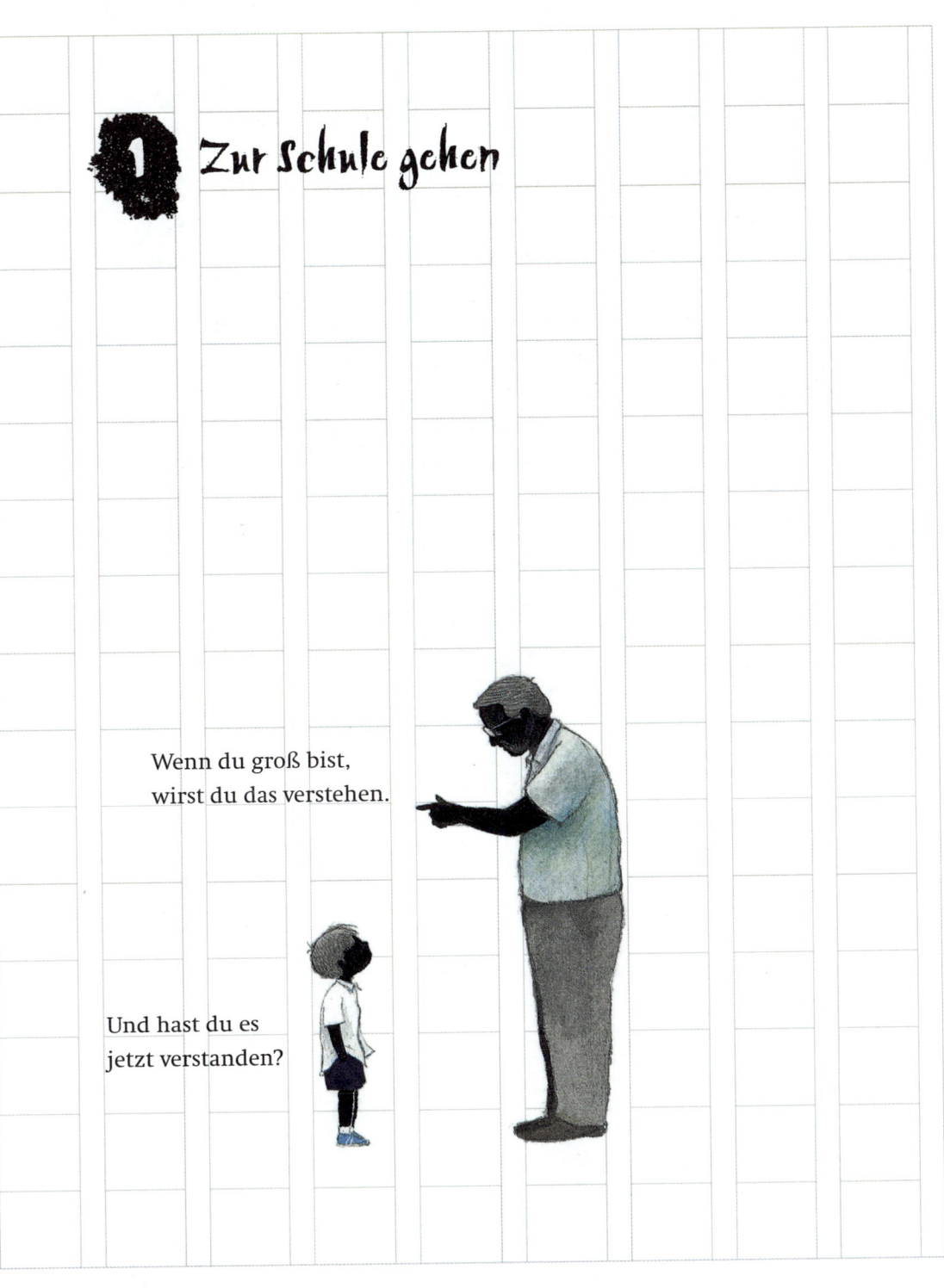

Zur Schule gehen

Wenn du groß bist,
wirst du das verstehen.

Und hast du es
jetzt verstanden?

Früher konnte Nummer 34 jeden Morgen so lange schlafen,
bis die Sonne seinen Po kitzelte.
Er wusch sich nicht gern und putzte auch nicht gern die Zähne.
Sobald er aufgewacht war, begann sein Tag.
Die Eltern waren den ganzen Tag auf Arbeit:
Das war seine Welt.
Zuhause hatte er schon alles, was eigentlich verboten war, zur Genüge gespielt.
Also lief er manchmal heimlich irgendwohin, nicht weit von Zuhause, um
noch viel interessantere Sachen zu machen.
Zum Beispiel Fliegen fangen oder mit Steinchen auf kleine Hunde zielen.
Manchmal bewegte er sich auch nicht so viel und half
zum Beispiel dem Nachbarn die Blumen zu gießen – er pinkelte darauf.
So war für ihn
das Leben.
Nichts sollte sich ändern.
Aber
das ist alles nun vorbei …

Jetzt muss Nummer 34 eine Schuluniform
anziehen, die Schultasche aufsetzen
und an einen Ort gehen, den er nicht mag.

Dort
sollte alles neu beginnen.
Aber niemand sagte ihm,
warum er dort war
und wann er wieder gehen könne.

Er tobte sich gern aus,
aber jetzt
sollte er still sein und konzentriert zuhören.
Er liebte es, herumzutollen,
aber jetzt gab es Anweisungen, die sagten,
wo er seine Arme und Beine zu halten hatte.
Das war alles ganz selbstverständlich.

Seine Schulkameraden in ihren Schuluniformen
hatten ganz unterschiedliche Gesichter.
Aber als ob sie alle eins wären,
machten Sie alles dasselbe.
Nummer 34 war nun einer von ihnen.

Unsichtbar blockiert ein Gitter
den Morgentau und
die strahlende Nachmittagssonne.
Anstelle dessen gibt es nun
einen gesetzesartigen Stundenplan und
unzählige Zielvorgaben.

Ganz schnell wurde das gesamte Leben
von Nummer 34 nun durch das bestimmt,
was sich hinter den Mauern befand.

Die Erwachsenen denken, sie schicken ihre Kinder zur Schule,
damit sie lernen, Mitglieder der menschlichen Gemeinschaft zu werden,
und weil sie langsam Eingang in diese Welt finden sollen.
Sie müssen sich auf die Zukunft vorbereiten und
lernen, selbst den nächsten Tag fest im Griff zu haben.

Aber niemand weiß,
dass Nummer 34
noch nie darüber nachgedacht hat.
Für ihn
bedeutet das Glück des Moments alles.

Als für ihn jeder einzelne Tag
ein pausenloses Hin und Her zwischen Zuhause und Schule wurde,
sehnte er sich nach früher.
Als diese Welt begann, seinen Körper einzuschließen,
hörte Nummer 34 nur auf die Rufe in seinem Herzen.

Ein Instinkt sagte ihm,
wie viele Fesseln es auch geben wird ...

Das Leben ...
wird selbst einen Ausweg finden.

2 Xiao Hei

Wenn die Schule aus ist,
sind Mama und Papa noch nicht zu Hause.
In der Abenddämmerung
kann ich einen kurzen Moment der Freiheit genießen.

Im Jahr 1980 war Nummer 34 sieben Jahre alt.
Es war eines Tages nach Schulschluss als
Nummer 34 ihr zufällig in der Abenddämmerung begegnete.

In der Nähe des großen Abwasserkanals
war früher einmal ein Teich voller Kaulquappen.
Alle Kaulquappen hatten bereits das Wasser verlassen.
Nur die langsamste war im Schlamm gefangen.

An jenem Tag half
Nummer 34 der Kaulquappe und
gab ihr einen Namen –
Xiao Hei.

Xiao Hei kam in ein leeres Konfektglas
mit sauberem Wasser.
Für Nummer 34
war diese Kaulquappe anders als all das Spielzeug,
das er ganz einfach haben konnte –
er hatte sie selbst entdeckt.

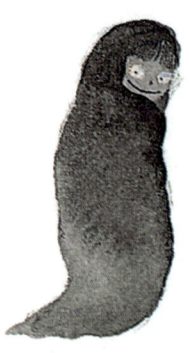

Jede Kaulquappe entwickelt
irgendwann kräftige Beine
und springt dann aus dem Wasser.
In der Vorstellung von Nummer 34
war das genau so wundersam, wie die Verwandlung von Superman.
So etwas hatte er noch nie mit eigenen Augen gesehen.

Er versteckte Xiao Hei unter seinem Bett, aber
sobald sich eine Gelegenheit bot, holte er sie hervor
und betrachtete sie.
Er fürchtete, er könne irgendeine Veränderung verpassen.

Ob an Sonnen- oder Regentagen,
immer wenn die Erwachsenen nicht aufpassten,
nahm Nummer 34 Xiao Hei mit
an die geheimnisvollen Orte der Welt.
Früher hatte er immer allein ganz fröhlich gespielt,
aber von nun an
hatte er Xiao Hei als Spielkameradin.

Wie groß die Träume auch sind,
die Antwort auf die Frage, was morgen sein wird,
liegt wohl in weiter Ferne.

Nummer 34 hatte nur einen Wunsch –
Xiao Hei sollte
schnell erwachsen werden.

Jeden Tag in der Abenddämmerung
malte er sich den Tag aus, an dem Xiao Hei erwachsen sein würde.
Dann dachte er an sich selbst,
aber er wusste nicht,
ob er, wenn er auch erwachsen wäre,
zusammen mit Xiao Hei ganz weit weg
zum Spielen gehen könne.

Er fing an zu beten ...

für morgen ...

3 Freunde

Ich möchte mit
ihm tauschen

Auf dieser Welt gibt es Menschen,
die von anderen als Vorbild genommen werden
In der Schule hießen diese Menschen
Musterschüler.
Alle Erwachsenen hofften,
dass ihre Kinder einer sein könnten.
Und wenn das schon nicht ginge,
sollte zumindest nicht viel dazu fehlen.

Als alle um
ihn herum sich
bemühten,
die Erwar-
tungen der
Erwachsenen
zu erfüllen ...

war Nummer 34 auch nicht untätig.

Niemand mag einen Klassenkameraden, der jeden Tag bestraft wird,
deshalb hatte Nummer 34 in der Klasse fast keine Freunde.
Er erinnerte sich, dass seine Mutter einmal gesagt hatte,
dass er in der Schule viele Freunde finden werde.
Aber er wusste überhaupt nicht, wie er das anstellen sollte.

Nachdem er Xiao Hei getroffen hatte, wurde seine Einsamkeit in der Schule immer unerträglicher.

Plötzlich kam ihm eine Idee –
warum sollte er Xiao Hei nicht mit in die Schule nehmen?
Er vermutete, dass alle Xiao Hei mögen würden und
er so vielleicht Freunde finden könne.

Ein kleines schwarzes Etwas –
Das zog sofort die Blicke aller Kinder auf sich.
Nummer 34 wurde nicht nur zu einem von allen umlagerten Star,
sondern regelrecht so beliebt wie
ein Comic-Held.

Alle beobachteten begeistert, wie sich Xiao Hei im Wasser
hin und her schlängelte.
Sie plapperten durcheinander und rätselten, wie Xiao Hei
wohl aussehen würde, wenn er groß war.
Die Klassenkameraden waren von Xiao Hei angetan
und langsam mochten sie auch Nummer 34.

Nummer 34 konnte zwar die Schule nicht ausstehen,
aber die Existenz von Xiao Hei
schien seinen gesamten Schulalltag zu ändern.

Es gab sogar Schulkameraden, die ihre kostbarsten Besitztümer
mit ihm tauschen wollten,
wenngleich Nummer 34 noch nie darüber nachgedacht hatte,
gegen was er Xiao Hei eintauschen könnte.

Aber
nicht alle wollen dasselbe ...
Ein Schulkamerad schrieb eine kleine Meldung.

Nummer 34 wusste nicht, wer ihn beim Lehrer angeschwärzt hatte.
Er hockte eine ganze Unterrichtsstunde lang da
und überlegte,
warum das mit Xiao Hei nicht erlaubt war,
warum ihn jemand verpfiffen hatte und
warum ihm keiner seiner Klassenkameraden
helfen wollte.

Die anderen fürchteten, dass der Lehrer
sie für schlechte Schüler halten würde,
wenn sie sich mit Nummer 34 abgaben.
Deshalb hielten sich nun wieder alle
von ihm fern.

Er sah aus dem Fenster und
hatte das Gefühl, dass alles, was ihn
fröhlich machte,
von den Erwachsenen immer besonders
eifrig verhindert wurde.
Und die Schulkameraden, mit denen er
einmal zusammen gespielt hatte,
akzeptierten das ohne jegliches Murren.
Warum?

An jenem Tag sagte die Lehrerin:
Liebe Schüler,
wenn ihr euch für Frösche interessiert,
dann müsst ihr wissen, wie sie aufgebaut sind.
Wir werden einen sezieren ...

Die Mutter sagte:
Du kannst nicht den ganzen Tag nur mit der Kaulquappe
spielen und nichts für die Schule tun.
Ich finde es gut, dass du dich für Tiere interessierst.
Du musst den Naturkundeunterricht ernster nehmen,
dann kannst du später Wissenschaftler werden.

Sie waren der Meinung, dass
eine Kaulquappe überhaupt nichts zu einem besseren Leben beiträgt.
An jenem Tag
wurde Nummer 34 gezwungen, sich von Xiao Hei trennen.

4 Eine Auszeichnung

Tempo!

Tempo!

Tempo!

Lauf!

Die Mutter hatte gesagt, dass aus Xiao Hei ein Frosch werden würde,
man könne ihn nicht zu Hause halten.
Aber Nummer 34 wollte doch in seinem Innersten nichts anderes,
als sehen, wie aus Xiao Hei ein Frosch wurde.
Das war alles.
Nichts weiter.

Mit seinen sieben Jahren
wusste er nicht, wie er widersprechen konnte.

Damals
drückte er sich durch Bilder aus.
Das war ganz einfach,
er musste nur einen Ziegelstein zerbrechen,
die Splitter aufheben und schon konnte es losgehen …

Damals
kam eine neue Lehrerin an die Schule,
sie hieß Zeng Ruizhu.

Sie sah das Gekritzel von Nummer 34, aber sie schimpfte nicht mit ihm.
Im Gegenteil, weil sie freiwillig ein Jahr lang die Kunstlehrerin von Klasse A war,
sagte sie zu Nummer 34:

Nimm am Wettbewerb teil und
mach der Klasse Ehre

Ehre?
Was für Ehre?

Nummer 34 errang im Wettbewerb
seine erste Auszeichnung.
Am Abend waren seine Eltern so froh,
als hätten sie eine Reise zum Mond gewonnen.

Sie verknipsten einen ganzen Film
und diskutierten heftig darüber,
wie viele Abzüge für Verwandte, Nachbarn und Kollegen gemacht
werden müssen.
Nur Nummer 34 war durcheinander.
Warum sollten auch die eins bekommen,
die die Eltern ihren eigenen Worten nach nicht leiden konnten ...

Lach mal!

1, 2, 3 ...!

Alle machten sich jetzt Gedanken darüber,
was für ein Leben Nummer 34 später haben könnte,
wenn er von Lehrerin Ruizhu gefördert werden würde.
Selbst wenn
die meisten Erwachsenen sich über die Auszeichnung
freuten,
so war für sie doch ganz klar,
dass das Malen keinesfalls nur ein Hobby sein dürfe.

Idioten!
Wer will schon Maler werden,
ich möchte nur spielen!!!

Wir bitten dich inständig!

Nach der Auszeichnung
kümmerte sich Lehrerin Ruizhu noch mehr um Nummer 34.
Eigentlich wollte sie,
dass Nummer 34 am Provinz-Malwettbewerb teilnahm.
Aber genau an dem Vormittag
lief Nummer 34 lieber zum Spielen.

Lehrerin Ruizhu hatte Nummer 34 angespornt, und ihm
versprochen, mit ihm in den Zoo zu gehen, um echte Frösche zu sehen,
wenn er einen Preis gewinnen würde.
Aber Nummer 34 verstand das nicht:
Die Erwachsenen hatten ihn doch gezwungen,
die Kaulquappe, die mal unter seinem Bett war, wegzuschaffen.
Warum mussten die Erwachsenen immer so kompliziert sein?

Woher hast du
solche Flausen?

Lehrerin Ruizhu sagte oft,
dass er Talent zum Malen habe.
Es müsse nur richtig gefördert werden.

Aber
warum musste es Wettbewerbe geben?
Wozu
die Freude über einen Sieg?
Die Tränen bei einer Niederlage?

Aus der Sicht der anderen entsprach Lehrerin Ruizhu der Idealvorstellung
von einer gütigen Lehrerin.
Und das war genau der Grund dafür, warum Nummer 34 von ihr weglief.
Nummer 34 wollte nicht, dass andere sich um ihn kümmerten.
Er wollte einfach nicht beachtet werden,
weil er wusste,
dass ihm die Erwachsenen ganz gleich auf welche Art und Weise,
letzten Endes doch nur seine Freiheit nehmen würden.

Schließlich
gab Lehrerin Ruizhu die Hoffnung in Nummer 34 allmählich auf.

Sie war enttäuscht
und verlor die Geduld.

Sie gab nicht nur Nummer 34 auf,
sondern auch sich selbst ...

Mein Freund,
komm und glaub an Jesus.
Jesus liebt dich.

Ich—Will—Nicht!

Mein kleiner Freund,
ich bin der lustige Hase,
den ihr alle so gern habt.

Niemand wusste,
was Nummer 34 gern wollte.
Weder Lehrerin Ruizhu
Noch seine Eltern.

?

Wie die meisten Eltern
liebten die Eltern von Nummer 34 zweifellos
ihr Kind auf ihre eigene Art und Weise.

Beim Abendessen sagte die Mutter
zu Nummer 34:

Papa macht noch in der Firma Überstunden.
Weißt du, warum wir das alles machen?
Nur für dich.
Damit es dir gut geht.
Aber wenn du uns immer enttäuschst,
ist dann nicht unsere Mühe umsonst?
Du musst wissen,
Du bist die große Hoffnung von Papa und Mama.

Immer wenn Nummer 34 ungezogen war,
schimpfte die Mutter mit ihm und weinte.
Sie hoffte, dass Nummer 34 sie verstehen und sich ändern würde,
und endlich ein Kind werden könne, das allen Freude macht.

Die Liebe
kann das Zuhause zu einem warmen Nest machen,
es aber auch
zu einem Käfig werden lassen.

Warum musste er die Hoffnung von anderen sein?
Warum konnte er nicht selbst entscheiden, ob er etwas akzeptierte
und eine Gegenleistung erbrachte?
Warum?
Nummer 34 verstand es nicht.

5 A Ding

Sag schon,
warum konntest du rebellieren
und ich kann es nicht,
sag es mir!

Liebe Schüler,

ihr müsst immer fleißig lernen und

auf eure Lehrer und Eltern hören.

In der Schule ...

... alles, was der Rektor sagt, ist in eurem Interesse.

Ihr müsst wissen, was unsere Anforderungen an euch sind ...

...

Die Schulzeit ist die schönste Zeit im Leben.

Glaubt nicht, dass es jetzt für euch besonders mühsam ist,

als der Rektor früher in eurem Alter war ...

....

Ihr müsst wissen,

man erntet, was man sät.

Es gibt eine alte Redensart:

...

... Ihr seid die Zukunft des Landes,

deshalb müsst ihr fleißig sein ...

Ihr dürft unsere Erwartungen nicht enttäuschen.

Und vergesst nicht, ...

...

Während der Rektor auf der Tribüne sprach,
fielen drei Mitschüler in Ohnmacht.

Langweilige Schulbücher,
unbekannte Mitschüler.
Am Tag der monatlichen Prüfung
beschloss Nummer 34 nicht zur Schule zu gehen.
Er erinnerte sich plötzlich an A Ding.

A Ding war ein Kind aus ärmlichen Verhältnissen und deshalb hatte die Schule ihn vergessen.

Er wohnte in einem winzigen Haus drei Straßen weiter.

Früher hatte er zusammen mit Nummer 34 im Matsch gespielt, aber durch die Veränderungen im Leben trafen sie sich nun fast gar nicht mehr.

An jenem Tag nahm er ganz begeistert A Ding mit
in den tiefen Wald.

Die Erwachsenen hatten gesagt,
sie sollten auf keinen Fall dorthin laufen.
Aber niemand wusste, was dort
Wunderschönes verborgen war.

Er hatte sie alle an der Nase herum geführt –
Er hatte Xiao Hei die ganze Zeit hier versteckt.
Und nun
hatte Xiao Hei schon Vorderbeine bekommen.

Den ganzen Tag lang
spielten sie so vertraut wie früher miteinander.
Sie brauchten niemanden, der Anweisungen gab.

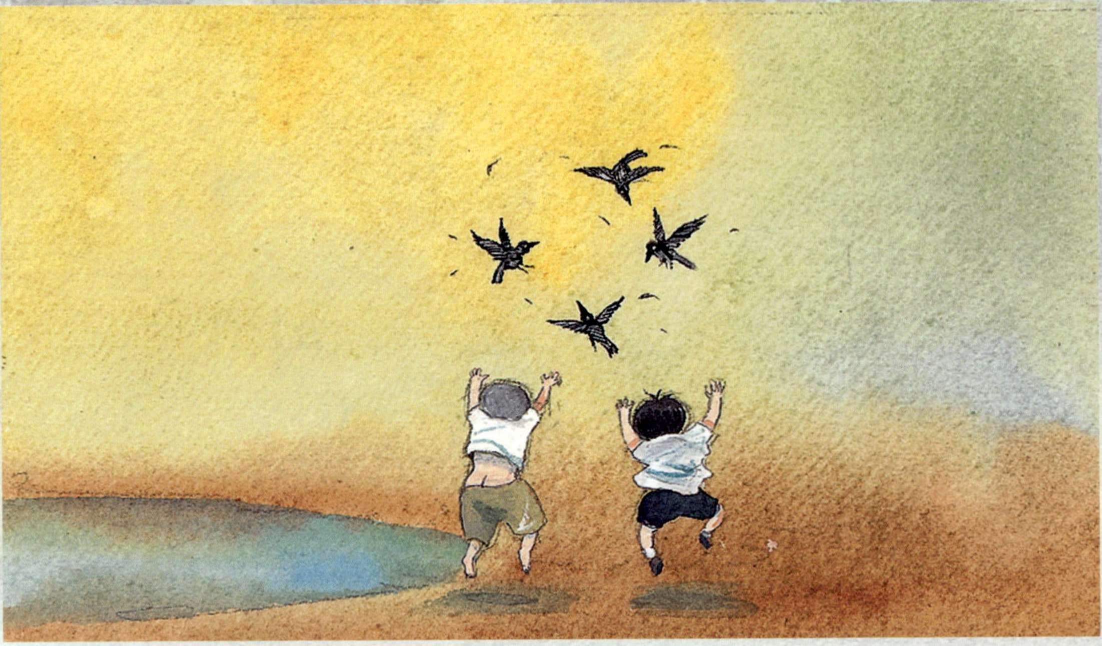

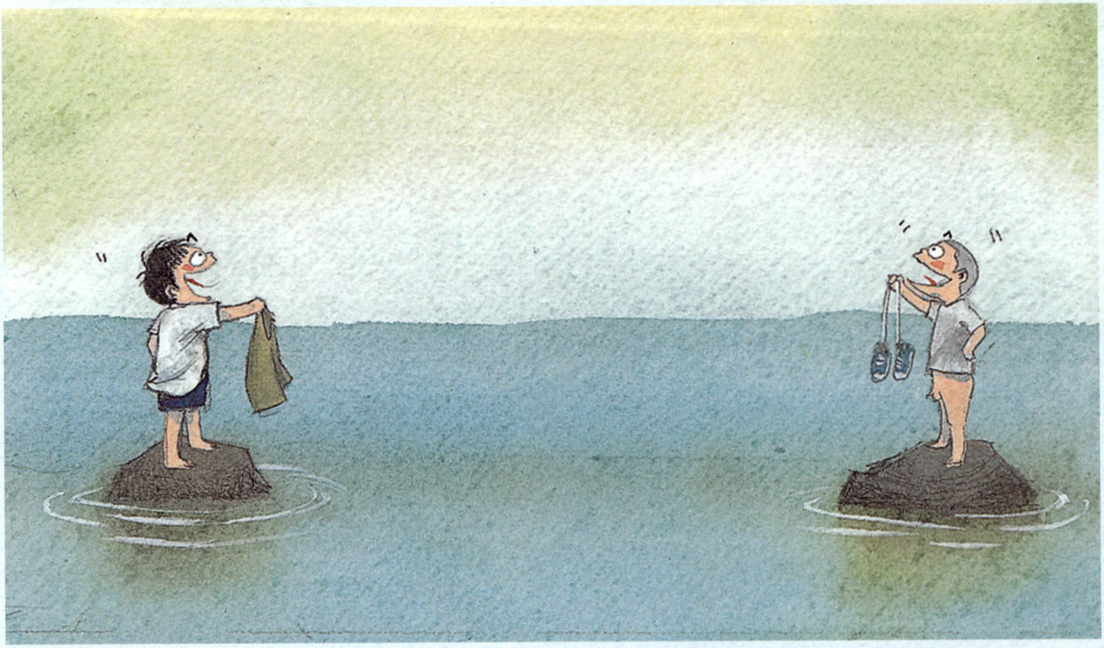

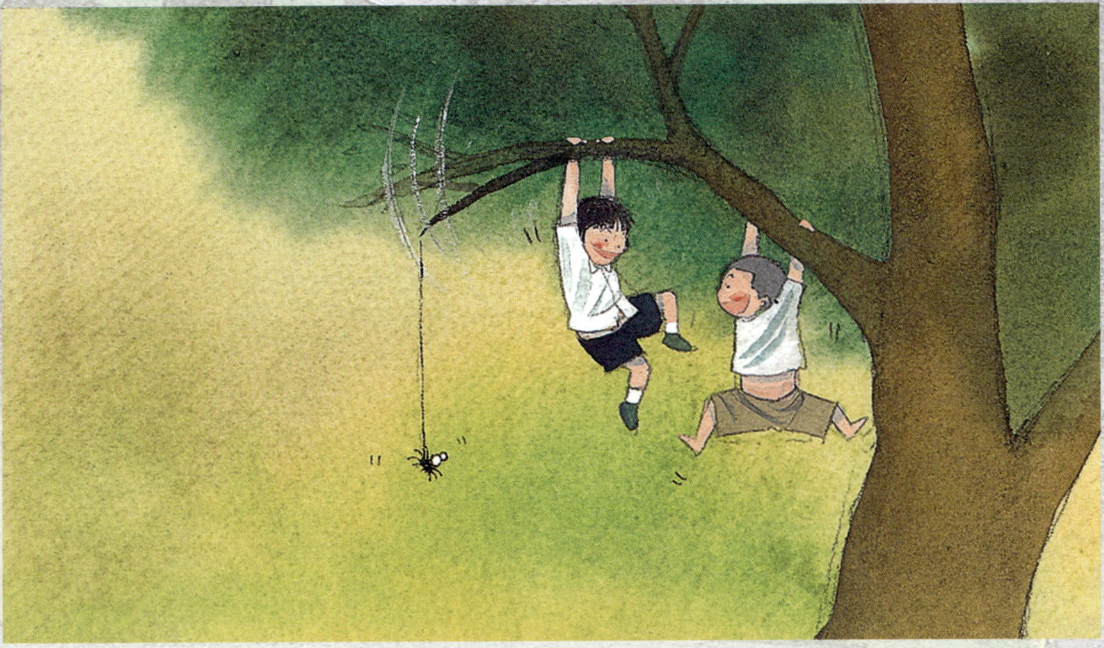

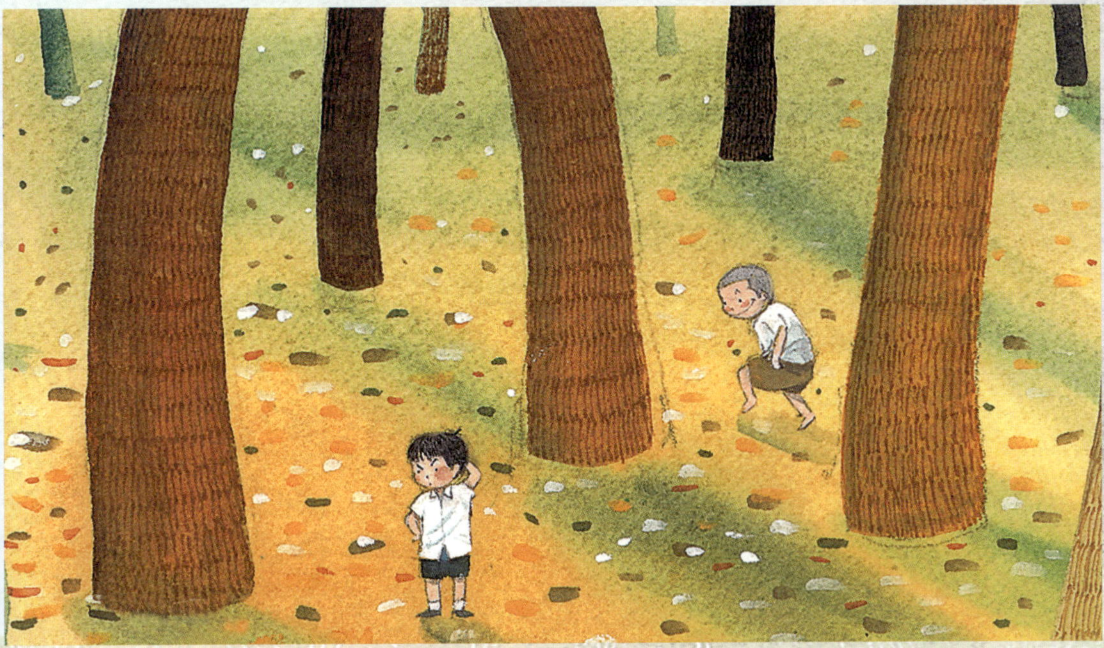

Nummer 34 konnte sich nicht vorstellen,
wie es ohne Schule und Familie wäre,
weit weg von Eltern und Lehrern.
Aber er wusste,
dass er keinesfalls so glücklich sein würde wie jetzt in diesem Moment.
Er konnte die Liebe nicht ausstehen, die einem die Luft abdrückte,
er brannte darauf, sich von allem losreißen zu können.

An jenem Nachmittag
machte Nummer 34 diesen Ort zu seinem geheimen Versteck.
Sie spielten ganz vergnügt Fingerknobelspiele und
beschlossen, am nächsten Tag wiederzukommen,
so lange bis Xiao Hei zu einem richtigen Frosch geworden war.

Bevor sie aufbrachen,
lachte der trübselige A Ding ganz vergnügt.
Nummer 34 hätte nie gedacht,
dass dies das letzte Lachen von A Ding sein würde.

An jenem Abend
bekam Nummer 34 eine riesige Tracht Prügel.
Aber
als A Ding zu Hause ankam,
gerieten seine Eltern völlig außer Kontrolle.

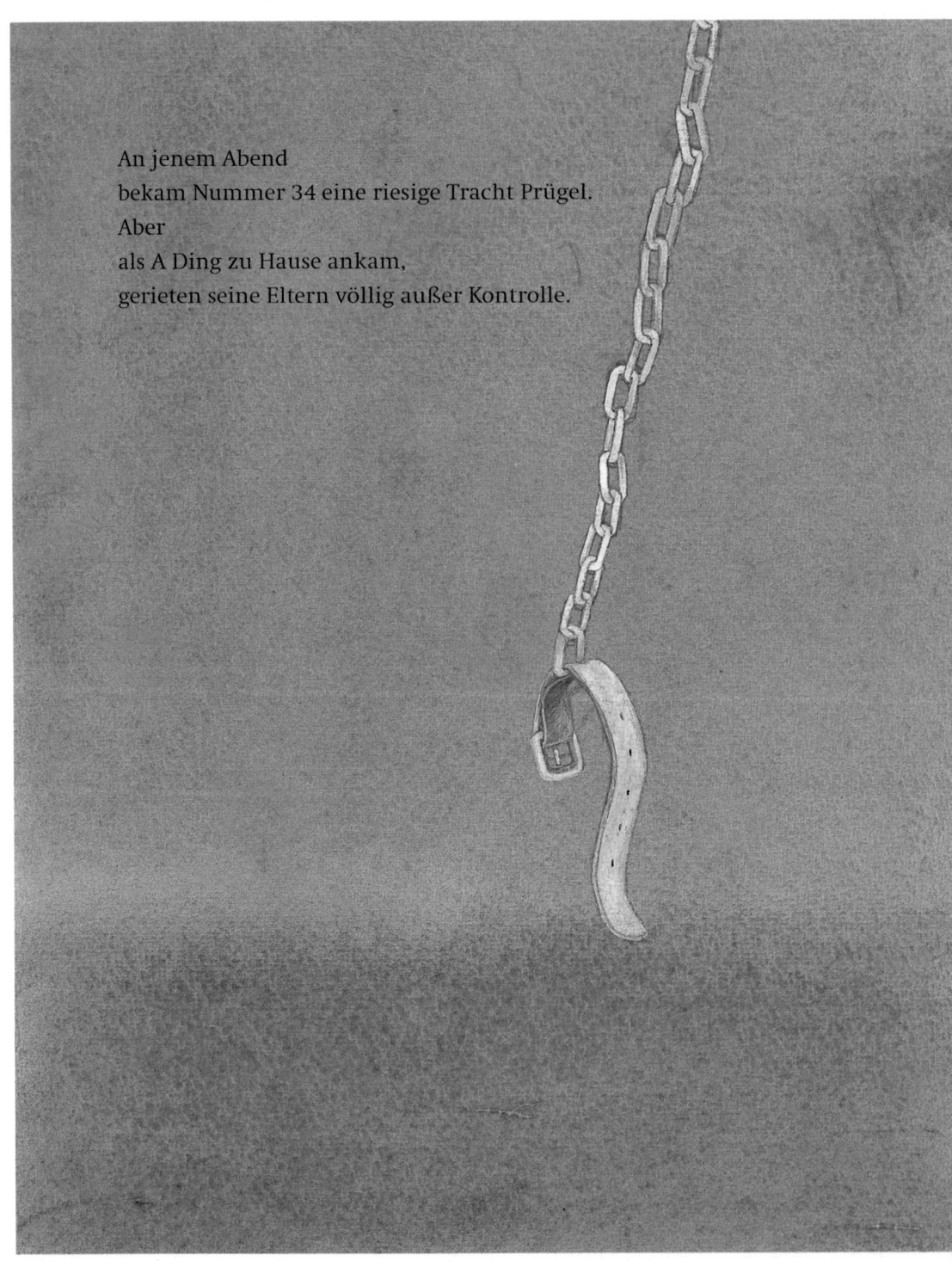

6 Heimkehr

Sag schon,
kannst du mir zuliebe die Prüfung als Bester absolvieren?
Sonst verhaue ich dich.

Wenn wir vorangetrieben werden,
verlieren wir ständig etwas.
Es kann sogar sein, dass wir das Kostbarste verlieren.
Vielleicht haben wir nicht einmal mehr die Zeit um traurig zu sein.
Aber
wenn wir letztendlich im Tausch dasselbe erhalten,
was sollen wir dann tauschen?
Vielleicht sind wir am Ende
zu beschäftigt,
unsere Berechnungen zu stoppen.

Nachdem die Polizei mehrere Male zusammen mit den Lehrern bei ihm zu Hause
gewesen war,
schien sich das Leben allmählich zu normalisieren.
Das, was mit A Ding passiert war,
war für Nummer 34 ein großer Schock und
zähmte ihn eine Zeitlang.

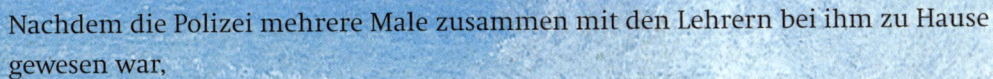

Wegen dieser Geschichte
gab die Mutter ihre Arbeit auf,
um sich voll und ganz um ihn zu kümmern.
Sie fragte die Lehrer, wie sich Nummer 34 in der Schule machte
und dann legte sie fest, wann er zu Hause zu sein hatte,
wann es Essen gab und wann die Hausaufgaben fertig sein mussten.
Wann er sich zu waschen hatte, wann er aufstehen und ins Bett gehen sollte.

Der Vater machte immer später Feierabend.
Wenn er nach Hause kam,
schlief Nummer 34 schon.
Hin und wieder sahen sie sich.
Der Vater sprach kaum ein Wort.
Und hinter seinem Rücken
hörte Nummer 34 ihn nur
immer wieder lang und tief seufzen.

In der Schule
wurden die Strafen der Lehrer für Nummer 34 schärfer.
Ihrer Meinung nach war er so widerspenstig, weil sie zu
nachsichtig gewesen waren.
Vielleicht bewiesen auch die Tatsachen,
dass man folgsame Schüler heranziehen konnte,
wenn man als Lehrer all seine Körperkraft einsetzte.
So verhielt sich jetzt auch Lehrerin Ruizhu.

Sie setzten Nummer 34 ganz nah an das Lehrerpult.
Jeder Mitschüler konnte ihn einfach anschwärzen,
denn zweifelsohne
dachten alle,
er sei ein ungezogenes Kind.

Der Wettbewerb im Klassenzimmer
schuf unsichtbare Klassen.
Die Mitschüler begannen sich zu vergleichen
und gegeneinander zu intrigieren.

Wenn die Musterschüler die Prüfungsfragen nicht gut lösten, weinten sie.
Niemand wagte es, mit ihm zu sprechen.
Die Söhne der Elternbeiratsvorsitzenden wurden zu Tyrannen,
gestützt auf ihre Väter.

Auf beiden Seiten des kleinen Klassenzimmers
bildeten die Mitschüler Grüppchen.
Aber
keiner wollte Nummer 34 in seiner Gruppe dabei haben.

Zum ersten Mal
betrachtete Nummer 34 ganz ruhig diese Welt.

Er erinnerte sich daran, dass seine Eltern ihm immer wieder eingeschärft hatten,
er solle seine Pflichten erfüllen.
Aber die beiden Erwachsenen hatten
wohl irgendwann im Glanze ihres glücklichen Hochzeitsfotos
vergessen, warum sie sich ineinander verliebt hatten.
Sie fingen an, sich gegenseitig mit scharfen Worten Vorhaltungen zu machen.

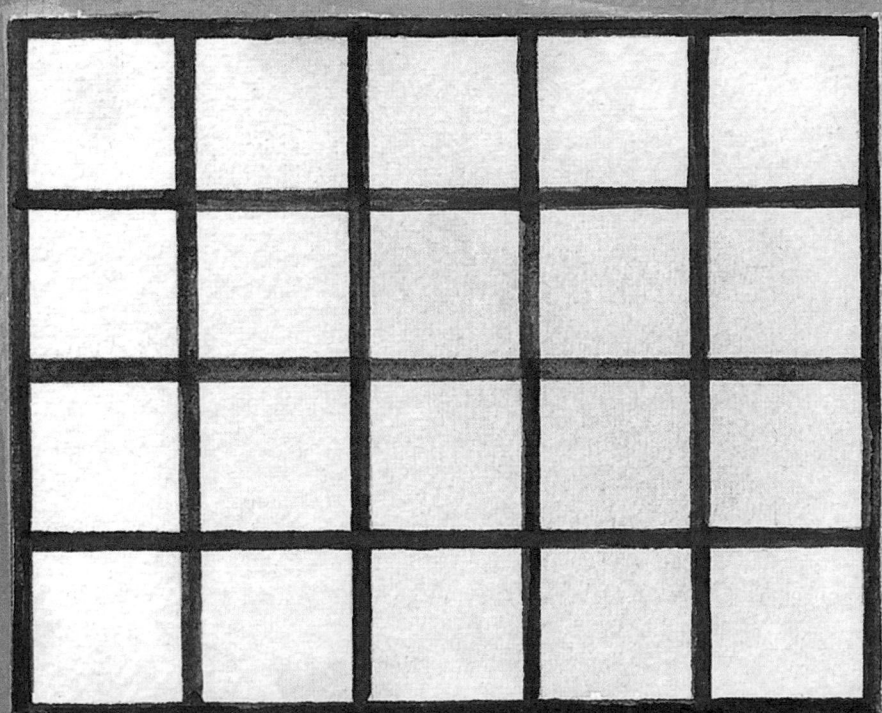

Die Miene von Lehrerin Ruizhu hatte sich auch verändert.
Weder Enttäuschung noch Einsamkeit zeigten sich.
Sie machte nur einfach ganz konsequent völlig andere Dinge als früher.

Und die Mitschüler, die mal an Xiao Hei Gefallen gefunden hatten,
bemühten sich um ihre Prüfungsnoten.
Schulbücher, Prüfungen, Hausaufgaben,
alles drehte sich darum.
Keiner erwähnte Xiao Hei auch nur mit einem Wort.

Aber
das war ihm alles ganz egal.
Er war wie eine Marionette,
die von anderen geführt wurde.
Selbst wenn sie ihn beschimpften und verspotteten,
ging er nicht mehr dagegen an.

Sein kleiner Körper begann in der Nacht zu zittern.
Immer wenn er an A Ding dachte,
schienen ihn Angst und Gewissensbisse zu verschlingen.
Er wollte weinen,
aber er fürchtete, dass das eine furchtbare Strafe nach sich ziehen könnte.

Warum muss man sich von dem trennen, was man liebt?
Warum wurde seine Freude zu Schmerz?
Er wollte Antworten,
aber niemand konnte sie ihm geben.

Sind die Hausaufgaben fertig? Dann zeig sie mir ...
Wieder eine zwei plus!

Schlag Lektion 6 auf
und lies mit mir. Etwas lauter!

Das Dickerchen ist in derselben Stufe wie du,
er hat schon wieder die beste Arbeit geschrieben.

Bring mir mal das Mitteilungsheft her.
Hast du nicht gehört!

Wer hat dir erlaubt ins Lehrbuch zu malen
Iss die Möhren.
Sei nicht so wählerisch.

Mach den Fernseher aus, geh in dein Zimmer und lerne.
Ich komme dich gleich kontrollieren.

Was ist das für ein Geschmiere.
Wer kein Buch dabei hat,
hockt sich hinten in die Ecke.
Schreib es noch fünfmal.

Jetzt ist Unterricht!
Wo schaust du hin?
Knie dich zur Strafe dort hinten hin.

Herr Lehrer, mein Kind kann das.
Es ist klug, nur nicht so aufmerksam.

Aufstehen – Verbeugen – Guten Tag!

Ich weiß, ich weiß. Ich ermuntere ihn oft ...

Halt den Mund,
du wirst schon sehen,
was passiert, wenn nicht.

Du bist von der Arbeit müde? Ich wohl nicht?
Warte nur, ich werde mich gleich mit dir anlegen!

Wer kein Taschentuch
dabei hat, tritt heraus.

Geh dich schnell waschen.

Willst du nicht mal endlich
schlafen? Mach die Augen zu.
Ich zähle bis drei. Eins, zwei ...

Wie viel ist 7 plus 4?
Das kannst du so nicht?
7 plus 4, dazu brauchst du die Finger?
Du kannst es nicht?
Das macht nichts.

Die ganze Klasse wartet auf dich.
Solange du das nicht schreiben kannst,
darfst du nicht nach Hause gehen.
Klassensprecher,
bring meinen Stuhl her ...

Anordnungen lenkten jeden Tag.
Nummer 34 hatte keine Möglichkeit, darüber nachzudenken.
Aber
immer wieder hörte er in sich
einen erstickten Schrei.

Ich vermisse mein geheimes Versteck,
ich vermisse Xiao Hei.
Ich ...
möchte nur Spaß haben.

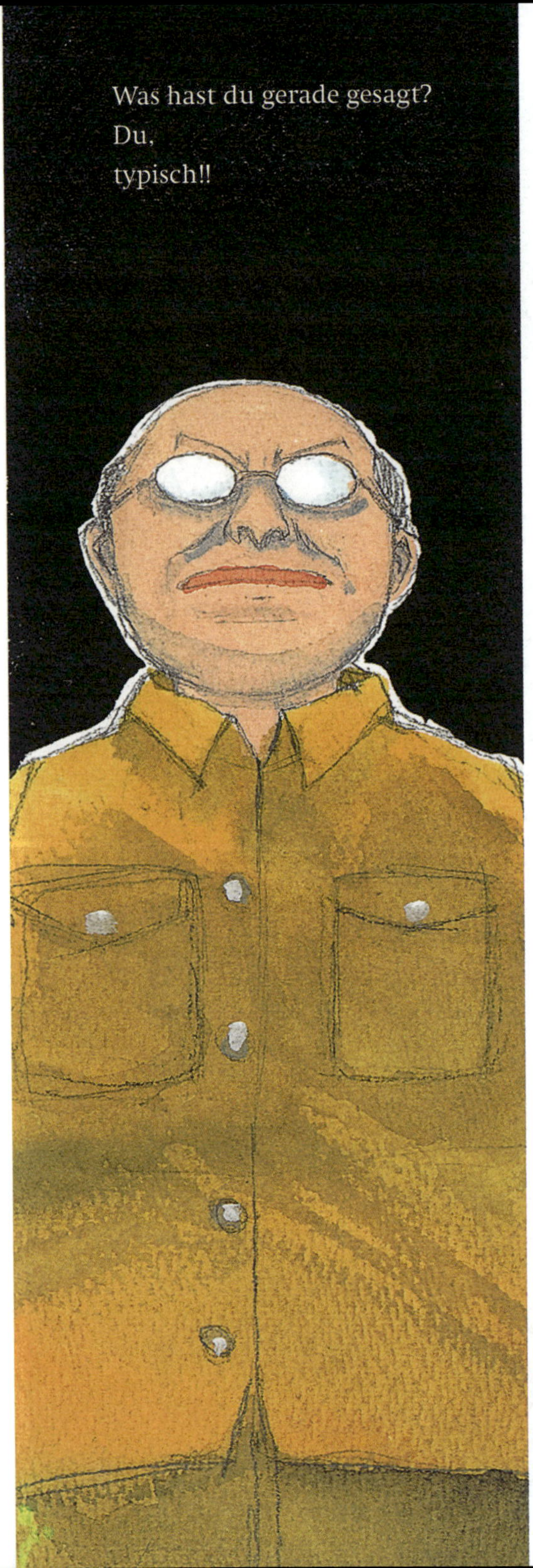
Was hast du gerade gesagt?
Du,
typisch!!
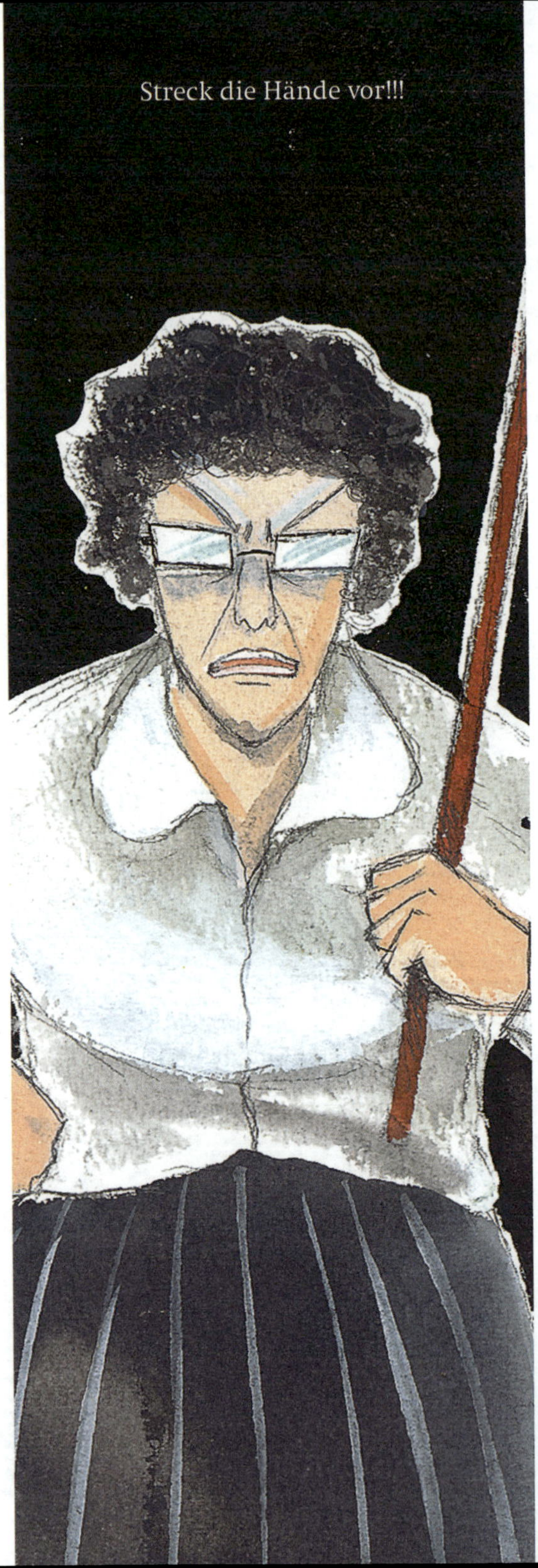
Streck die Hände vor!!!

Heb die Arme hoch!!

Ich werd dir zeigen, was hochheben heißt. Hast du gehört?

Das musste ja so kommen,
dieser rechthaberische Kerl!

Schwarzes Schaf!

Wir wollen nicht mit dir spielen.

Hau ab!

Meine Mutter hat gesagt,
Xu Jinding hört einfach nicht.
Wer hat ihm gesagt, er solle dein Freund werden.
alle in eurer Familie sind Halunken.

Dummkopf,
ha ha ha.

Ihr zwei Trottel,
was gibt es denn an
einer Kröte zu sehen.
Ha ha ha.

Ha ha ha.

Ha ha ha.

An jenem Tag sagte der Rektor:
„Egal, was passiert,
jemanden zu schlagen, ist nicht richtig."
 ...
Erst in diesem Moment fällt den Erwachsenen
immer dieser Satz ein.

Wie soll das nur mit dir weiter gehen?
Wir schuften uns für dich ab.
Und du, bist du erst glücklich,
wenn wir dich wegschicken?

Gebe ich dir etwas zu essen,
damit du die Kraft hast, jemanden zu schlagen?
Wenn du in der Gosse landen willst,
dann brauchst du auch nichts mehr zu essen.
Jetzt geh mir aus den Augen.

Am Abend aß niemand etwas.
In dieser Familie
gab es nur noch zwei wütende Erwachsene ...

Auch die tiefste Nacht ging einmal zu Ende.
Am nächsten Morgen war es heiter und windstill.
Der kleine Hund von nebenan
hatte endlich gelernt, Pfötchen zu geben ...

Nummer 34 lief wieder weg.

7 Träume

Wenn gar nichts geblieben ist,
erinnerst du dich dann an deine Kindheitsträume?
Erinnerst du dich an den Moment, in dem
du selbst
ganz frei dahin geschwebt bist ...

Nummer 34 kehrte schließlich wieder
zu seinem geheimen Versteck zurück.
Aber
Xiao Hei war nirgends zu sehen.

Er weinte.
Er vergaß, wie lange er geweint hatte.
Irgendwann schlief er vor Müdigkeit ein ...

8 Tausch

Das Leben ...
kann selbst einen Ausweg finden.

Nummer 34 erwachte.
Die Welt war zu guter Letzt doch nicht untergegangen.
Sie war nur noch riesiger ...

Als Nummer 34 vor dem niedrigen verlassenen Haus stand,
erinnerte er sich an A Ding.
Er dachte an Xiao Hei.
Er wusste,
dass die schöne Zeit, nach der er lechzte,
vorbei war ...

神愛世

Im Mai 1980
an einem Mittwoch Nachmittag
war im Teich nicht einmal mehr eine halbe Kaulquappe.
Sie waren alle bereits ans Ufer geklettert.
Aber Nummer 34
würde den Tag des Erwachsenwerdens nicht erreichen.
In dem geheimen Versteck
machte es keinen Spaß mehr,
nur Hunger und Ausweglosigkeit waren geblieben.

Nummer 34 blickte auf das kristallklare Wasser.
Niemand wusste,
was in seinem Innersten vorging.

In diesem Augenblick
tauchte ein Kind auf
und ging ganz langsam auf ihn zu ...

Wer bist du?

Ich bin du.
Ich bin gekommen, um mit dir zu tauschen ...

An jenem Tag
verschwand im Wald ein rebellisches Kind
und wurde nie wieder von jemandem gesehen ...

中山國民小學

恥

Mai 2006

Nachwort

Dann ging dieser kleine Junge anstelle von Nummer 34 zurück zur Schule
und wurde zu einem ganz gewöhnlichen Schüler.
Hin und wieder bekam er eine Auszeichnung und wurde auch mal mit den
anderen zusammen bestraft.
Er passte sich dem System an, lernte fleissig für die Prüfungen
und schloss dem Wunsch der Erwachsenen folgend, die Universität ab.
Und jetzt
schreibt er gerade an seinem völlig unordentlichen Schreibtisch
den Schluss dieser Geschichte nieder ...

Das Erwachsenwerden lässt uns begreifen,
dass niemand ohne Rücksicht auf andere sein Leben leben kann.
Jeder einzelne in dieser Geschichte,
selbst du und ich,
hat vielleicht dasselbe Gefühl, nämlich Gefangener in einem unsichtbaren
Käfig zu sein.
Also tauschen wir tagtäglich in verschiedenen Situationen
unser wahres Ich gegen das Ich, das andere in uns sehen wollen.
Und so
finden wir einen Weg, um ohne Probleme zu überleben.

Aber wenn das getauschte Ich dann letztendlich mit der Menge verschmilzt,
wenn wir dem Lauf der Welt folgen,
und daran gewöhnt sind, uns immer neue Ziele zu stellen,
wogegen tauschen wir dann zum Schluß
die Mühe ein, die wir in diesem Moment aufwenden?

Ein kleines Kind möchte ein streunender Hund sein.
Das erinnerte mich an das Kind, das 1980 zu mir sagte:
Ich möchte nur Spaß haben …

An jenem Tag haben alle gedacht, dass Nummer 34 nachgegeben hatte.
Aber so war es keineswegs, er hatte nur einen Weg gefunden, wie es
weitergehen konnte.
Und hat ihm nun letzten Endes das Ich, das an seiner Stelle ins wirkliche Leben
zurückkehrte, geholfen eine Abkürzung zu finden
oder ihn sich auf noch gewunderen Wegen verirren lassen?

Wenn du groß bist, wirst du das verstehen.
Verstehst du das jetzt wirklich?
Vielleicht kann es nichts schaden, wenn wir noch einmal zürückblicken,
zu jener einst reinen Seele.

Die Hauptfigur in diesem Buch ist Nummer 34 aus der Klasse A.
Und du, welche Nummer bist du?
Kannst du dich noch daran erinnern, was du erlebt hast?

Jetzt muss ich zurück in den Wald, von dem niemand weiß.
Wenn ich Nummer 34 finde,
dann werde ich noch einmal zu ihm sagen:
Ich bin du,
ich werde mit dir tauschen.

Dieses Buch
ist für Jie Ying - meine Nichte, die gerade auf die Welt gekommen ist.

本书经时报出版公司独家授权，限在德国，瑞士，奥地利三国境内发行。
Die deutschsprachige Ausgabe wurde exklusiv von China Times Publishing Company 時報出版, Taipei, autorisiert, und der Vertrieb beschränkt sich auf die Länder Deutschland, Österreich und Schweiz.

Der Titel der Originalausgabe lautet:
Yi nian jia ban 34 hao 一年甲班 34 号
Copyright der Originalausgabe 2006 China Times Publishing Company 時報出版, Taipei

Autor (Illustrationen und Text): En Zuo (Enzo) 恩佐
Aus dem Chinesischen übersetzt von Buchta, Katrin

Copyright © der deutschsprachigen Ausgabe
Chinabooks E. Wolf und E. Wu, Bühlstrasse 45B, CH-8055 Zürich, Schweiz
Neue Adresse ab Oktober 2011:
Haldenstrasse 43, CH-8045 Zürich, Schweiz
1. Auflage 2011

Tel.: 0041 (0)43 540 40 77
Email: bestellen@chinabooks.ch
Website: www.chinabooks.ch

Printed in China

ISBN: 978-3-905816-32-7

Die Übersetzung aus dem Chinesischen wurde mit Mitteln der Schweizer Kulturstiftung Pro Helvetia unterstützt durch litprom-Gesellschaft zur Förderung der Literatur aus Afrika, Asien und Lateinamerika e.V.

Verkauf ausserhalb Chinas in den deutschsprachigen Ländern Deutschland, Österreich und Schweiz.
此书由华瑞图书网在德国，瑞士，奥地利三国发行

一年甲班34号

(台)恩佐／图·文

有天我一边吃着早餐
翻阅着报纸
在满满的文字中
我不经意地看见了一则小孩逃学的新闻
报道中说
这个小孩已经多次逃跑

小孩逃家的事件时有所闻
但我之所以对这则新闻感兴趣
是因为报道中提到
这个小孩曾在自己的作文里
写下了这么一段话
我想要变成流浪狗
因为流浪狗很自由……

看到这里
我突然想放下手边的工作
去找一个人
可是在离开之前
我想跟你们说一个故事
因为这个故事
跟我要找的那个人有关

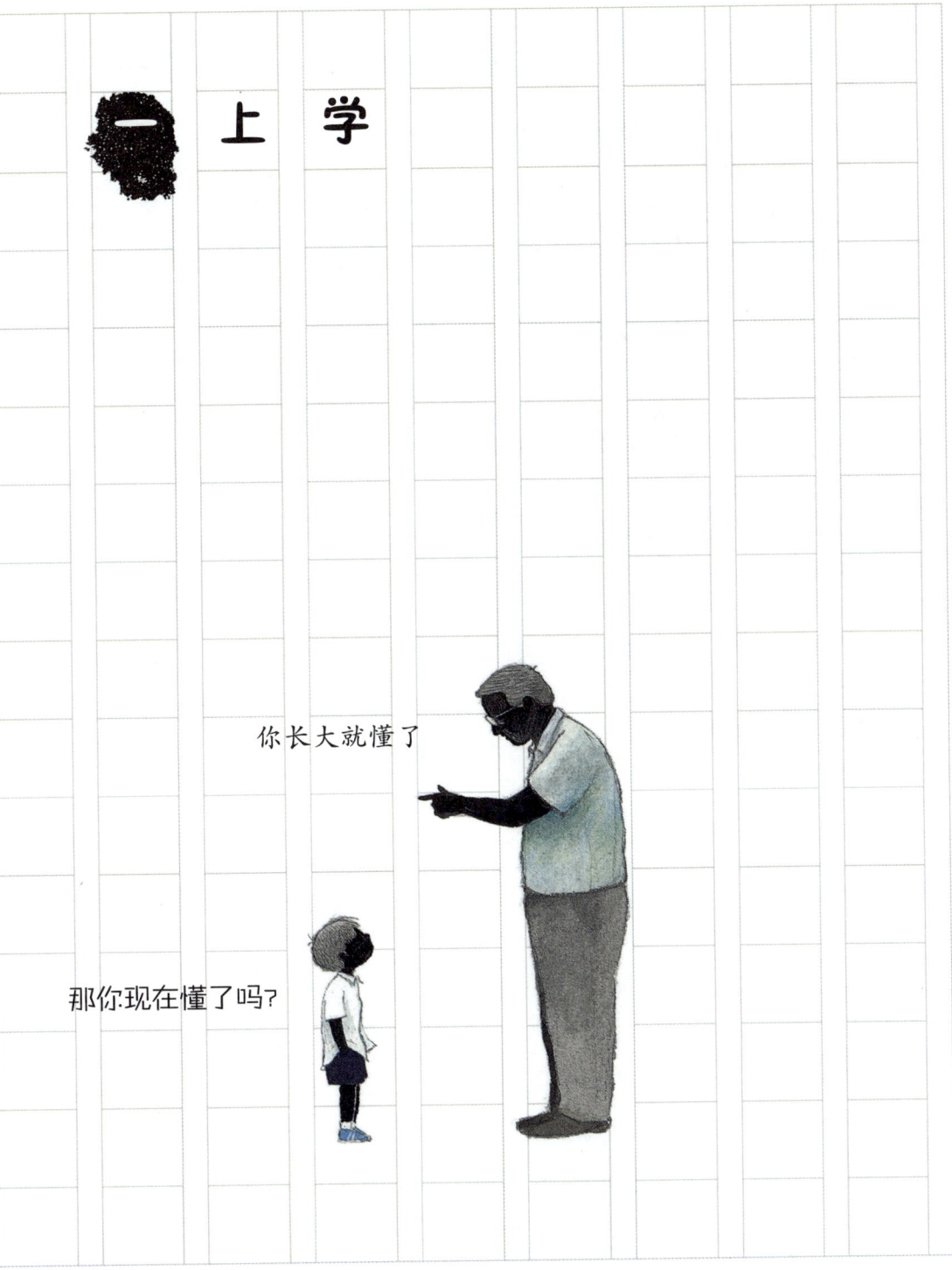

一　上　学

你长大就懂了

那你现在懂了吗?

曾经在每个早晨
34号可以睡到太阳晒到屁股
他不喜欢刷牙洗脸
一醒来就可以开始他的一天
在爸妈都去上班的整个白天
那是他的世界
家里不被允许的一切其实他早就玩腻了
他会偷偷跑到离家不远的地方
做些更有趣的事情
好比抓苍蝇或是拿小石头偷袭小狗
当然他也会做些静态的
例如用尿尿帮邻居浇花
对他来说
生活就是这样
没有什么事情需要改变
不过
这些都过去了……

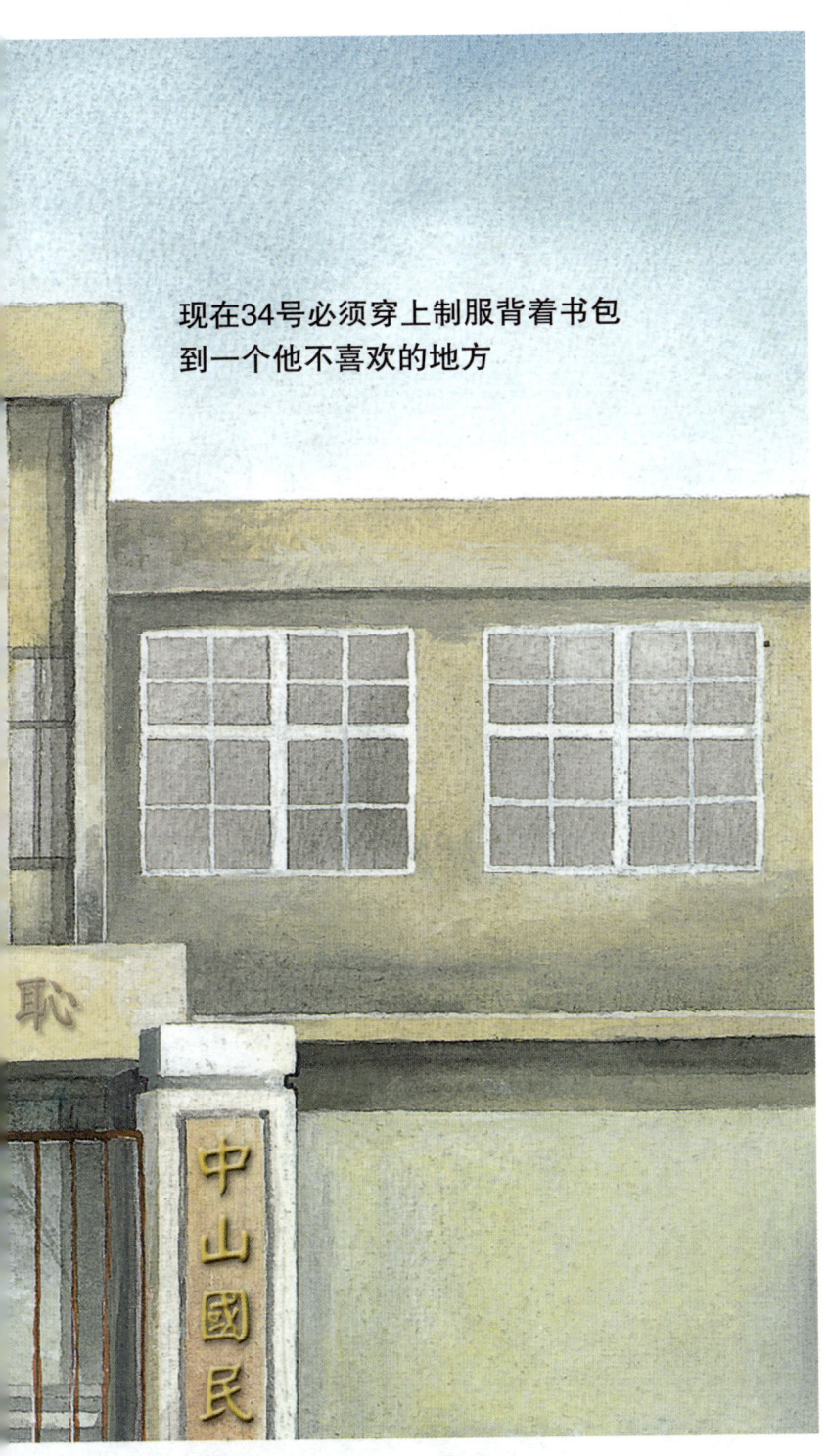

现在34号必须穿上制服背着书包
到一个他不喜欢的地方

在那里
一切都要重新开始
没有人告诉他
为什么要来
又何时可以离开

他喜欢呐喊
可是现在
他被要求闭上嘴巴专心聆听
他总爱奔跑
可是如今每个口令都告诉他
哪里是手脚该摆的位置
一切都是理所当然

穿着制服的同学
有着迥异的面孔
却仿佛又是相同的东西
他们做着一样的事情
34号只是其中的一个

清晨的朝露
午后的艳阳
无形中被一道格子墙阻挡
取而代之的
是规律的作息表
以及密密麻麻的目标

墙的背后
很快地
就会变成34号的全部

大人相信让孩子上学
是因为他们得学习成为人群中的一员
得开始融入这个世界
他们要为将来作准备
得训练自己可以精确地掌控明天

可是没有人知道
在34号的心里
从来没有想过这些
对他而言
此刻的快乐就是所有的一切

当他的每一天
开始得在家与学校间不停地来回
他仍渴望着从前
当这个世界开始锁住他的身体
34号只听见心里的呐喊

一种本能告诉他
再多的锁又如何……

生命……
会自己找到出路

小 黑

学校放人了
爸妈还没有回家
黄昏的天空下
我有短暂的自由

1980年34号七岁
在一个放学后的黄昏
34号遇见了它

大排水沟的附近
那里曾经有一池塘的蝌蚪
其它的蝌蚪陆陆续续都上岸了
只剩一只最缓慢的还困在泥沼里

那一天
34号帮这只小蝌蚪
取了个名字
叫小黑

小黑被养在一个空的糖果罐
里头有干净的水
对34号来说
这只小蝌蚪
跟那些伸手要来的玩具不一样
因为那是他自己发现的

每一只蝌蚪
最后都会长出强而有力的脚
然后从水里一跃而出
在34号的心里
这就像超人变身一样的神奇
他从来不曾亲眼看见

他把小黑藏在自己的床底
一有机会就拿出来观看
生怕错过任何一个变化的过程

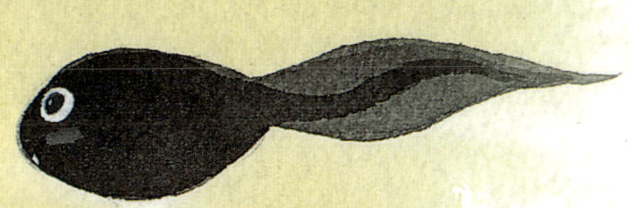

不论晴天或雨天
在每个大人疏忽的缝隙
34号开始带着小黑
躲到世界的每一个神秘角落里
他曾经一个人开心地玩着
但是从现在起
他有小黑陪伴

梦有多大
明天在哪
或许都是遥远的答案

对34号而言
他唯一的渴望
就是小黑赶快长大

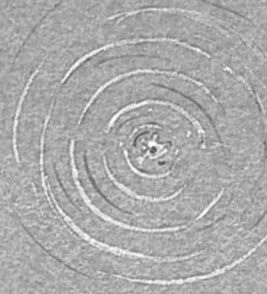

每一个黄昏
他想象着小黑长大的那一天
然后想到了自己
他不知道
如果自己也长大了
是不是就可以跟小黑
到更远的地方去玩

他开始祈祷······

为了明天……

三 朋 友

这世界有一群人
是别人学习仿效的标准
在学校里这么一群人
叫做模范生
每一个大人
都希望自己的孩子会是其中的一个
就算不是
至少也不能差得太远

当身边的人都在努力达成大人的期待时……

58

34号也没有闲着……

没有人会喜欢一个每天被惩罚的同学
所以34号在班上几乎没有朋友
他记得妈妈曾说
上学之后可以交到很多朋友
但是他根本不知道要怎么做

更何况
遇见小黑之后
学校的孤独变得更加难熬

他突然想到
为什么不能把小黑带到学校？
他猜想大家都会喜欢小黑
或许他会因此交到许多朋友

一个黑色的小东西
瞬间吸引了所有小孩的目光
34号不仅成了人群包围的明星
他简直就和卡通片里头的英雄
一样地受欢迎

大家兴奋地看着小黑在水里游动
七嘴八舌地猜想小黑长大的模样
同学喜欢小黑
也开始喜欢34号

虽然34号讨厌学校
但是小黑的出现
似乎正为他的校园生活带来改变

还有人想用自己的宝贝跟他交换
即使34号根本没想过小黑能换什么

可是
并非每个人想要的都一样……
有个同学打了小报告

不知道是谁告诉了老师
34号半蹲了一整堂课
一直在想
为什么这是不被允许的
为什么有人要告状
又为什么没有同学
愿意帮他

大家害怕会连带成为老师眼里的坏学生
结果同学再度远离了34号

他看着窗外
感觉自己越快乐的事
大人似乎就越努力阻挡
而那些曾经玩在一起的同学
却也毫无怨言地接纳
为什么？

那天老师说：
各位小朋友
如果你们对青蛙有兴趣
就不能不了解它的构造
以后我们会让大家来作解剖……

妈妈说：
整天玩蝌蚪不读书是不行的
我也很赞成你喜欢小动物
那自然课你就要认真一点
以后当个科学家

她们认为
一只蝌蚪根本无助于更好的人生
那一天
34号被迫把小黑给扔掉了

四 奖状

妈妈说小黑变成了青蛙
根本没办法养
可是在34号的心里
只要等到小黑变成青蛙
这就是全部了
没有别的

七岁的他
不知道如何反驳

那时候
他的表达方式就是画画
因为很简单
只要把砖头敲一半
捡起碎片就可以了……

当时
学校来了位新老师
叫做曾瑞珠

她看见34号涂鸦却没有责骂
反而因此
自愿担任一年甲班的美术老师
她对34号说：

去参加比赛
为班上争光

光？
什么光

这一个比赛
让34号得到了第一张奖状
那晚爸妈简直就像
飞到月球上一样的开心

他们用掉了一卷底片
兴奋地讨论着
要多洗几张给亲戚邻居同事
只是34号很困惑
为什么这当中
还包括了爸妈口中讨厌的那些人……

要笑啊!

来1.2.3…

可是不管如何
现在想来
如果34号在这里接受了瑞珠老师的带领
或许将会有截然不同的人生
即便
当时大部分大人都认为
拿张奖状回来很好啊
但画画这事
千万别变成志愿

笨蛋
谁要当画家
我只想玩！！！

拜请！

拜请！

得奖之后
瑞珠老师对34号更加地关心
本来她计划
带34号参加全县的写生比赛
不过当天早上
34号还是跑去玩了

瑞珠老师曾鼓励34号
如果拿了奖状
就要带他去动物园看真正的青蛙
可是34号不懂
以前他的床底下就有一只
是大人强迫他扔掉的
为什么每件事都得绕这么一大圈呢？

来者何神！

另外
瑞珠老师也常说
有画画的才能
就要用在对的地方

但是
为什么一定要比赛
那些胜利的开心
那些落败的哭泣
是为了什么

或许从他人的角度看来
瑞珠老师就像我们经常歌颂的恩师
但那却也是34号逃避她的主要原因
34号不要别人关心
他只想被忽略
因为他知道
不管大人的方式是什么
最终都只会剥夺掉他的自由

结果
瑞珠老师渐渐对34号感到失望
她心灰意冷
最后也失去了耐心

后来她不仅放弃了34号
也放弃了她自己……

小朋友
来信耶稣吧
耶稣是爱你的

我不要⏐⏐⏐

没有人知道
34号想要的是什么
不仅瑞珠老师如此
34号的爸妈也是

就像大部分的父母
34号的爸妈总是毫不怀疑地
用自己的方式爱着这个孩子

晚餐的时候
妈妈跟34说：

这时间
爸爸还在公司加班
你知道我们这么辛苦是为了什么
还不是为了你
想让你吃得好用得好
如果你一直让我们失望
我们的辛苦不都是白费吗
你要知道
你是爸爸妈妈所有的期待啊

每当34号不乖的时候
妈妈说着说着就哭了
她希望34号真的了解而会改变自己
成为一个更令人放心的小孩

可是爱
能让家是个温暖的巢穴
也可以让家
变成一个牢笼

为什么他得是别人所有的期待
为什么接受与回报都不是他可以决定的
为什么？
34号还是不懂

各位小朋友
你们现在要做的
就是当个品学兼优的好学生
听师长爸妈的话
在学校……
……校长所说的都是为了你们好
要知道我们对你们的要求
……
……当学生是最幸福的
不要觉得自己现在很辛苦
以前校长在你们这么大的时候
……
……你们要知道
要怎么收获就要怎么栽种
古人说……
……
……你们都是社会的未来
所以大家一定要努力……
不要辜负我们的期待
不要忘了……
……

校长在司令台上说话的时候
又有三个同学昏倒了

枯燥的课本
陌生的同学
在月考当天
34号决定不去学校
同时
他想起了阿丁

阿丁是个因为贫穷而被学校忘记了的孩子
就住在三条街外的矮房子里
他跟34号曾经是一起玩泥巴的朋友
可是生活的改变让他们几乎无法碰面

那一天他兴奋地拉着阿丁
就往树林的深处奔去

大人说
千万别往里头跑
但是没有人知道那背后
隐藏的竟是如此的美好

所有的人都被他骗了
小黑一直藏在这里
这一天
小黑连前脚也长出来了

接下来的一整天
他们用最熟悉的方式玩着
不需任何人指导

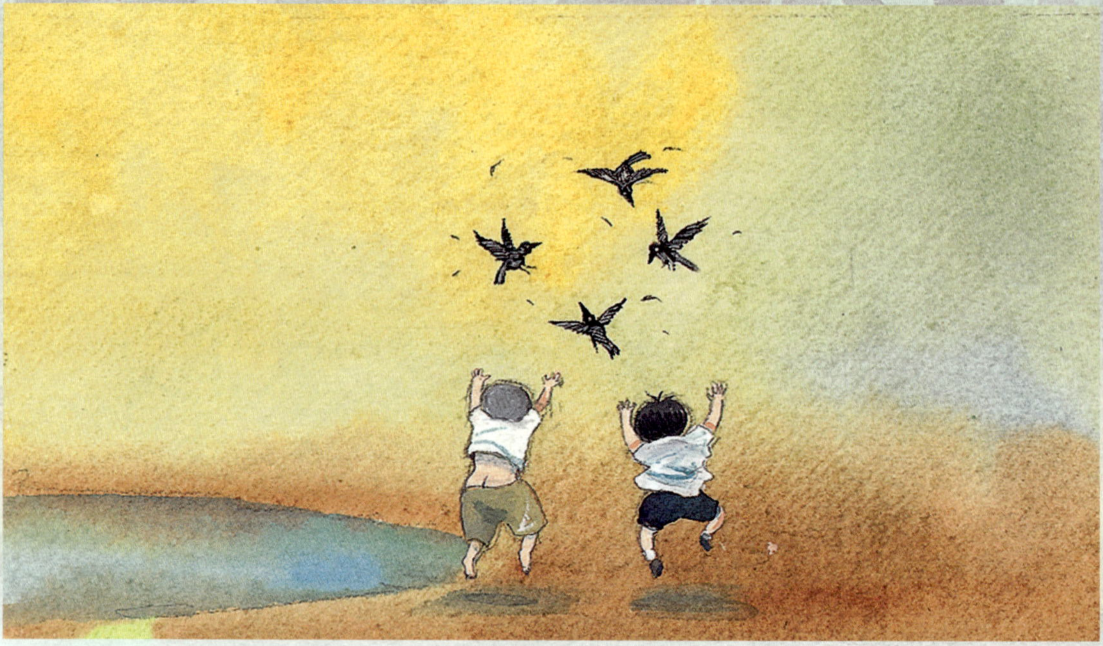

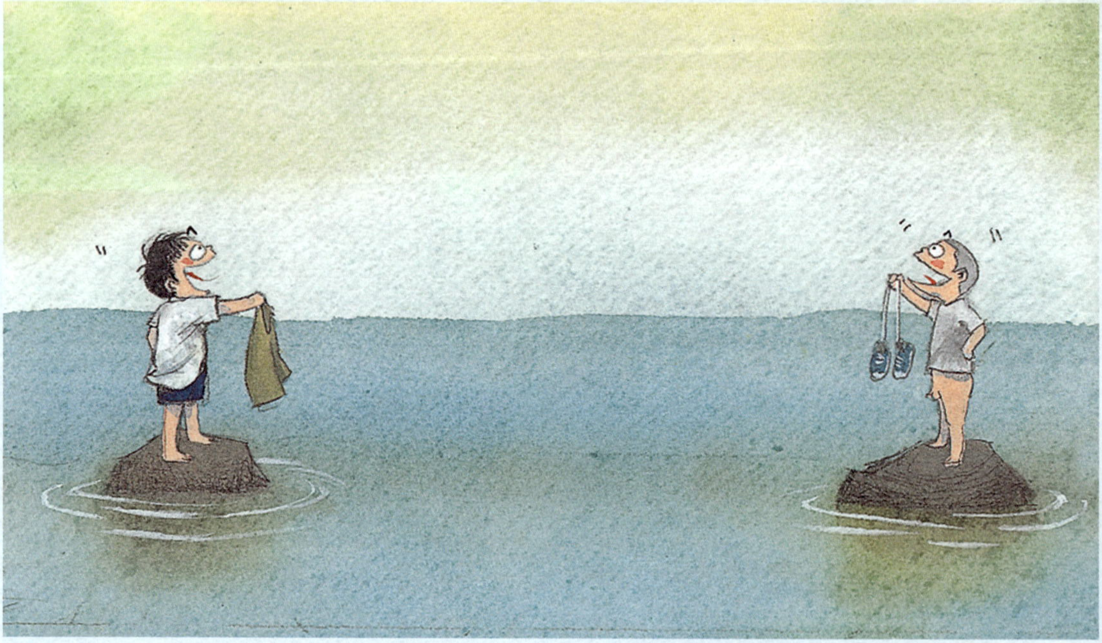

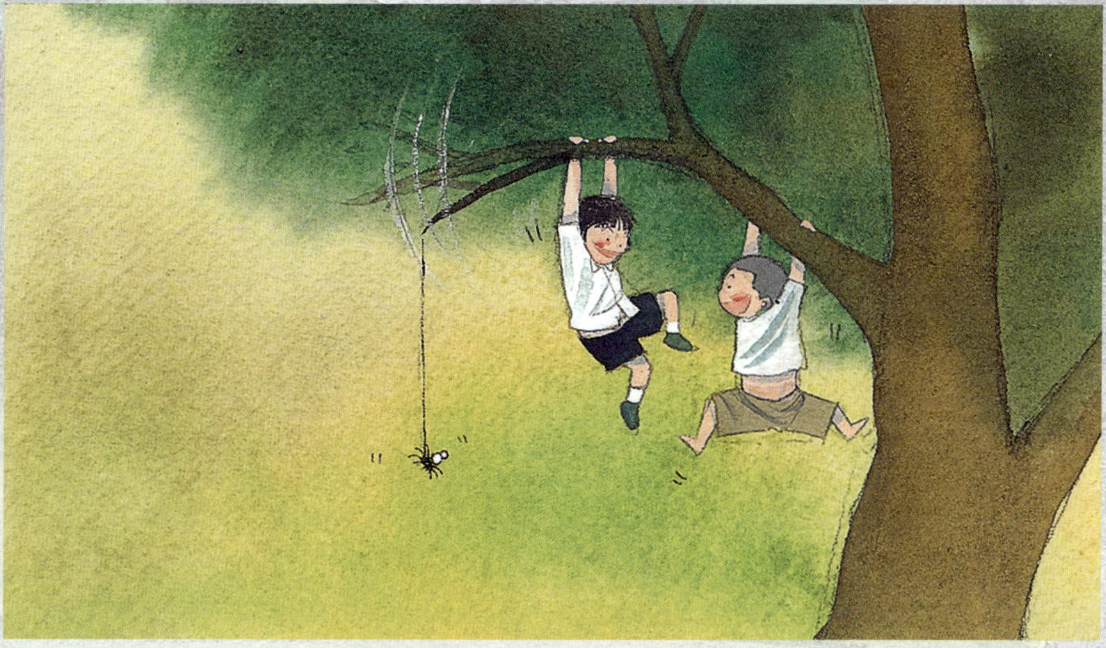

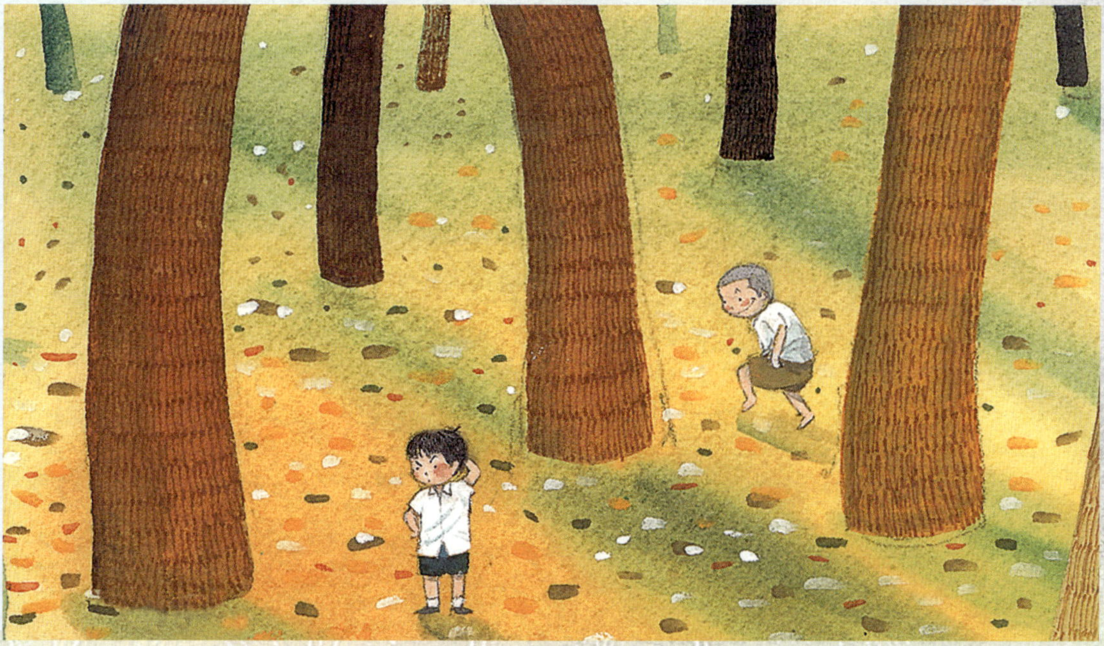

如果没有学校没有家
如果可以远离爸妈和师长
34号并不知道会怎样
但是他知道
自己绝对不可能像现在一样开心
他讨厌那些让人窒息的爱
渴望可以挣脱一切

那一个下午
34号决定把这里叫做秘密基地
他们开心地打勾勾
约好明天还要一起来
一直到小黑变成了青蛙

离去前
忧郁的阿丁笑得好开心
但是34号怎么也没想到
那却是阿丁最后的笑容……

那一天晚上
34号挨了好几下鞭子
可是
阿丁回去面对的
却是一对失控的父母

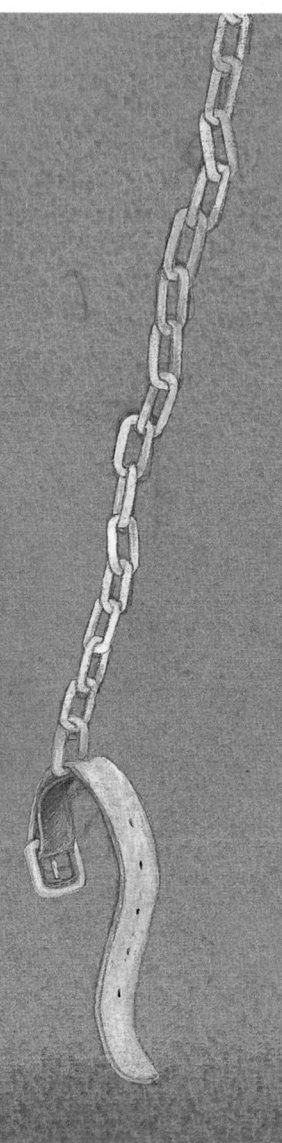

六　回　家

说啊
你会给我考第一名
不然我揍你

当我们被迫前进
不断地丢掉东西
直到丢掉了最珍贵的
或许依旧连哀伤的时间也没有
只是
如果最终可以换得一样东西
我们要换什么
会不会到了最后一天
我们依然忙碌得
无法停下来计算

警察跟老师来过了家中几次之后
生活看似渐渐恢复了平静
可是在34号的内心
阿丁的遭遇却是莫大的冲击
这使得他一度驯服了下来

这一个事件
让妈妈辞掉了工作
全心全意来看管他
她跟老师询问34号在学校的表现
然后严格规定他回家的时间
何时吃饭何时写完作业
几点洗澡几点上床睡觉

爸爸越来越晚下班
每当他回家的时候
34号已经睡着了
偶尔他们见面
爸爸也总是沉默不语
在那巨大的背影下
34号只是一再听见
又深又长的叹气

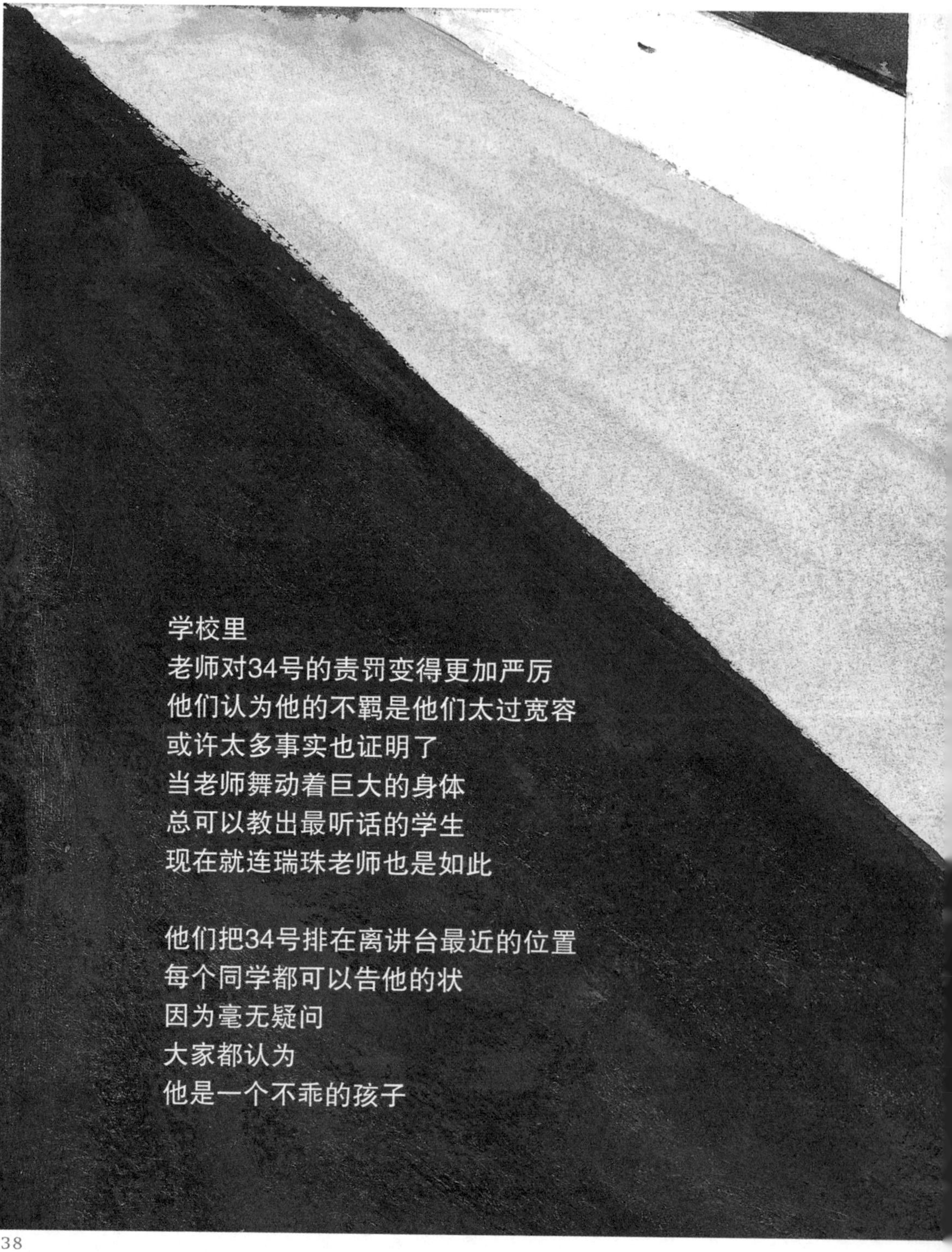

学校里
老师对34号的责罚变得更加严厉
他们认为他的不羁是他们太过宽容
或许太多事实也证明了
当老师舞动着巨大的身体
总可以教出最听话的学生
现在就连瑞珠老师也是如此

他们把34号排在离讲台最近的位置
每个同学都可以告他的状
因为毫无疑问
大家都认为
他是一个不乖的孩子

教室里
竞争后的胜败
产生了无形的等次
同学们开始比较
开始勾心斗角

模范生考卷没写好哭了
没人敢跟他说话
家长会会长的儿子仗着父亲
成了霸王

他们占据了小小教室的两端
同学开始集群结党
可是
34号不曾受到任何邀约

第一次
34号如此安静地看着这个世界

他还记得爸妈不断告诫他
要做好自己的本分
可是不知从何时开始
在那洋溢着幸福的结婚照下
两个大人仿佛忘了当初相爱的原因
开始用最尖锐的言词相互指责

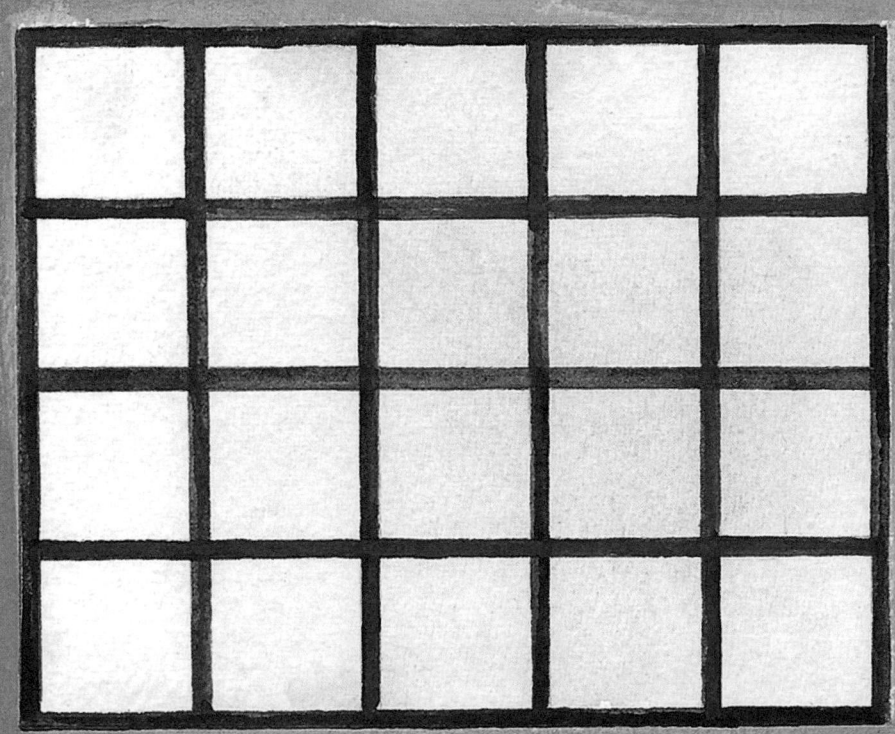

瑞珠老师的表情也已经改变
不再有任何失望或落寞
只是坚定地做着和过去截然不同的事情

而那群曾经喜欢小黑的同学
现在正为了考卷上的数字努力
课本、考试、作业
渐渐变成了一切
没有人再问起小黑

但是
这些都已经与他无关
如今他就像个木头人
任由他人使唤
就算遭受了辱骂与嘲讽
也不再辩驳

他小小的身体开始在夜里发抖
每当他想起了阿丁
恐惧悔恨就像要把他给吞没
他想哭泣
却害怕会带来可怕的责罚

为什么他要跟所爱的告别
为什么他的快乐最后都会变成痛苦
他想知道
但还是没有人可以告诉他

作业写好没　拿来我看……
又是乙上!

打开第六课
跟我一起念　大声一点!

人家小胖跟你同年级
这次又考第一名了

喂　我叫你联络薄拿来我看
你是没听到吗

谁叫你在课本上给我乱画的

不准把胡萝卜挑出来!！
你再给我挑食

电视关掉　回房看书去
等一下我抽查

你写的这是什么狗啃的
重写5遍!

没带课本的到后
面半蹲

给我闭嘴
你再讲一次试试看

你上班累我就不累吗
我等一下再跟你吵

起立　敬礼　老师好

老师我这小孩可以的
他很聪明就是不专心

我知道我知道　我也常鼓励他……

我在上课！！
你在看哪里
给我到后面罚跪去

手帕卫生纸没带的出来

快去洗澡

你到底要不要睡觉　数到三
眼睛给我闭起来
我数到三、一、二……

7加4多少？这还不会？
7加4用指头比啊
不会？
没关系　我们全班等你
写不出来　就不要下课
班长　把我椅子搬过来……

指令指导着每一天
34号再也无法思考
可是
他却一再听见
内心微弱的呐喊

我想念秘密基地
我想念小黑
我……
只想要快乐

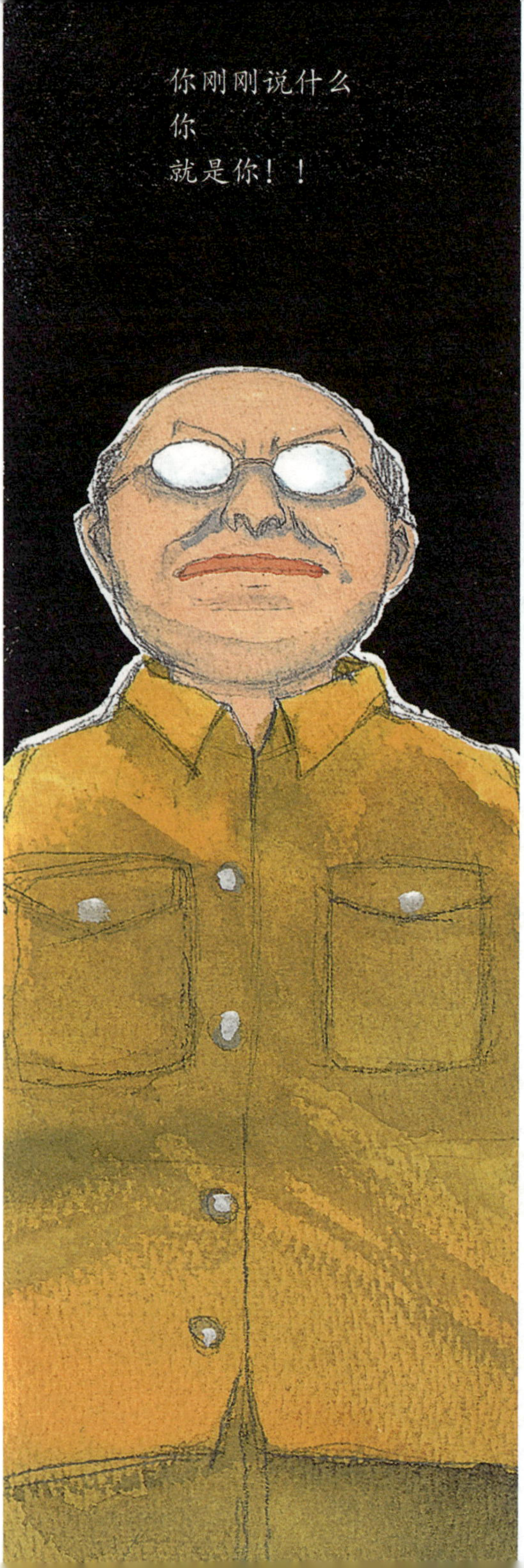
你刚刚说什么
你
就是你！！

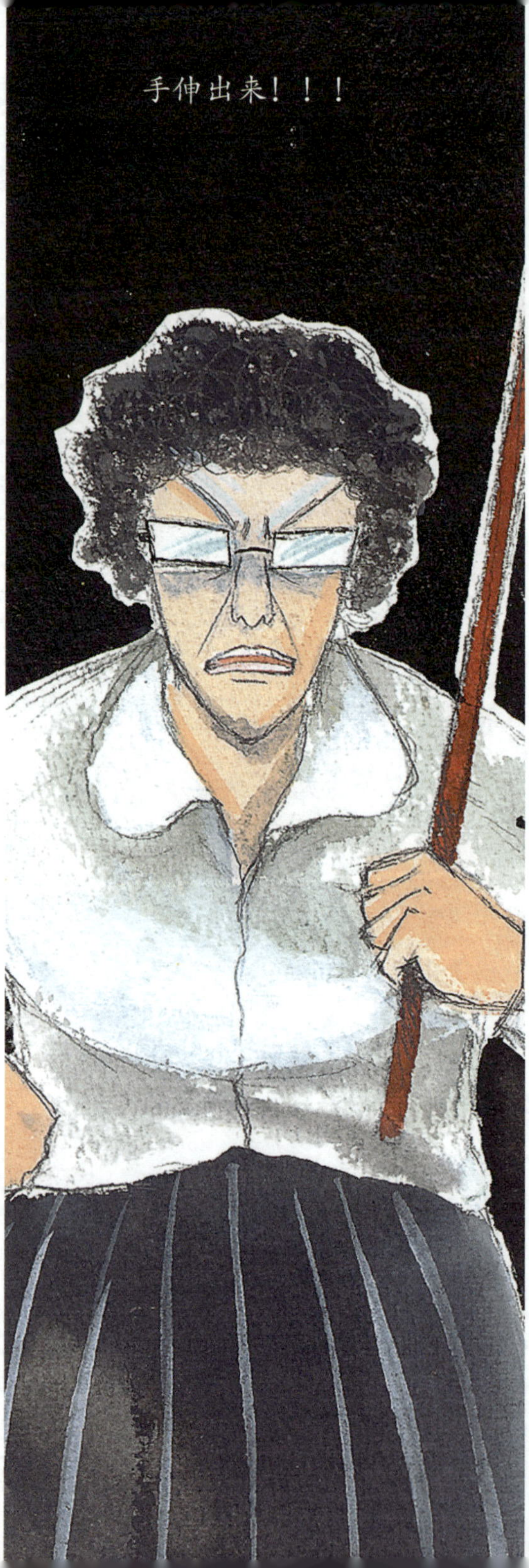
手伸出来！！！

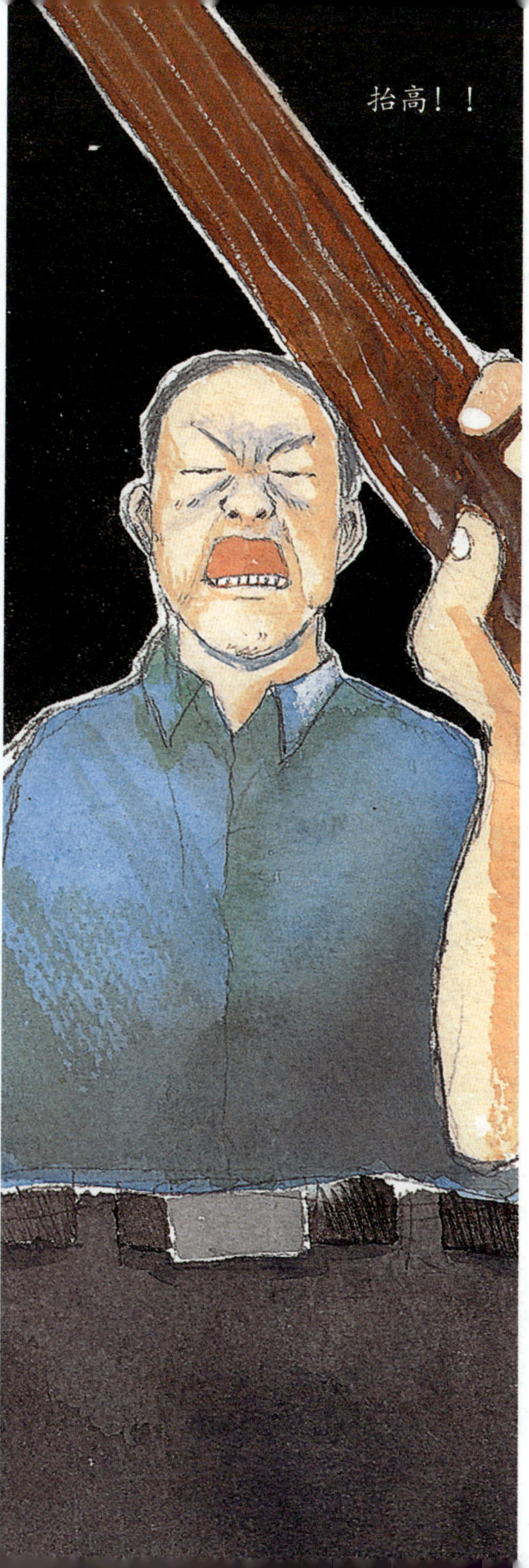
抬高！！

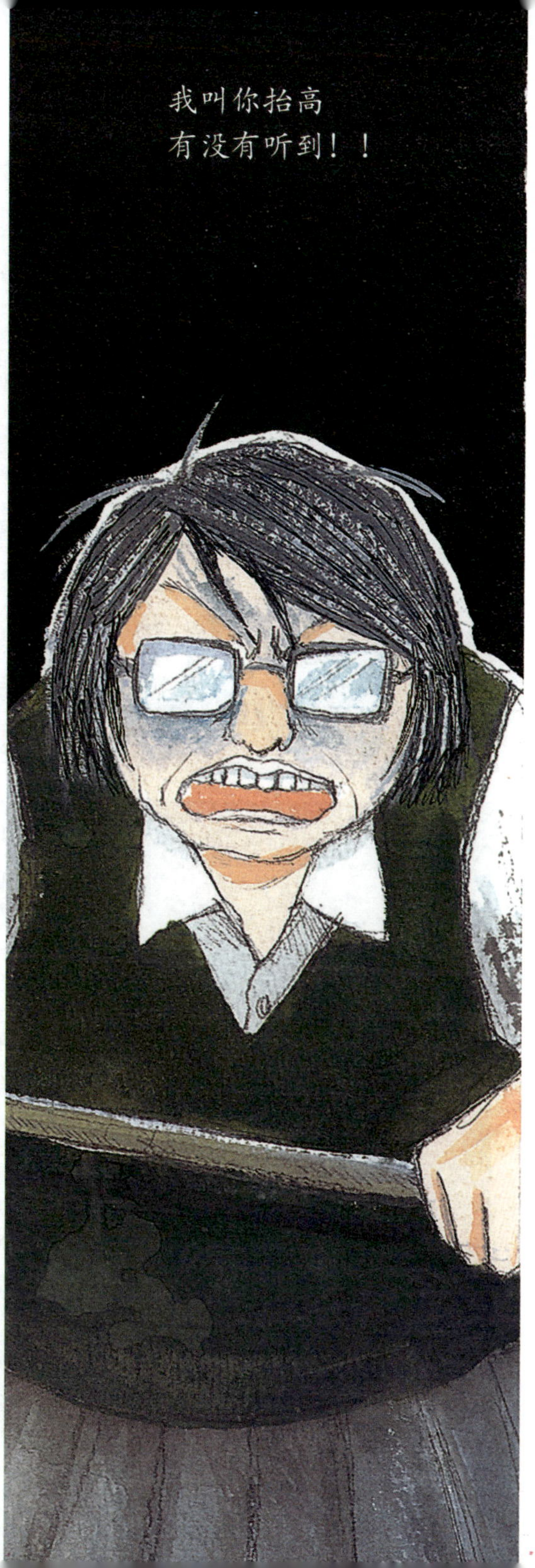
我叫你抬高
有没有听到！！

我妈妈说
徐进丁就是不听话
谁叫他要跟你做朋友
你们全家都是坏人

笨蛋
哈哈哈
哈哈哈

哈哈哈哈
哈哈哈

你们这两个笨蛋
一只癞哈蟆
有什么好看
哈哈哈

哈哈哈
哈哈哈

笨⋯

156

那天校长说
不管如何
打人就是不对
……
大人往往是在这个时候
才会想起这句话

你这孩子到底要坏到什么时候
我们这么辛苦养你做什么
一定要逼我们把你赶出去
你才高兴吗？

给你吃饭
是要让你有力气去打人？
如果你要当流氓
饭也不要吃了
现在就给我滚

晚上没有人吃饭
这个家
只剩下两个暴怒的大人……

最深的夜过去了
第二天早上
晴朗无风
隔壁的小狗
终于学会了握手……

34号又一次逃离

七　梦

如果什么都没留下
你还记得曾经天真的梦想吗
你还记得那一刻
自己……
是多么自由地飞翔

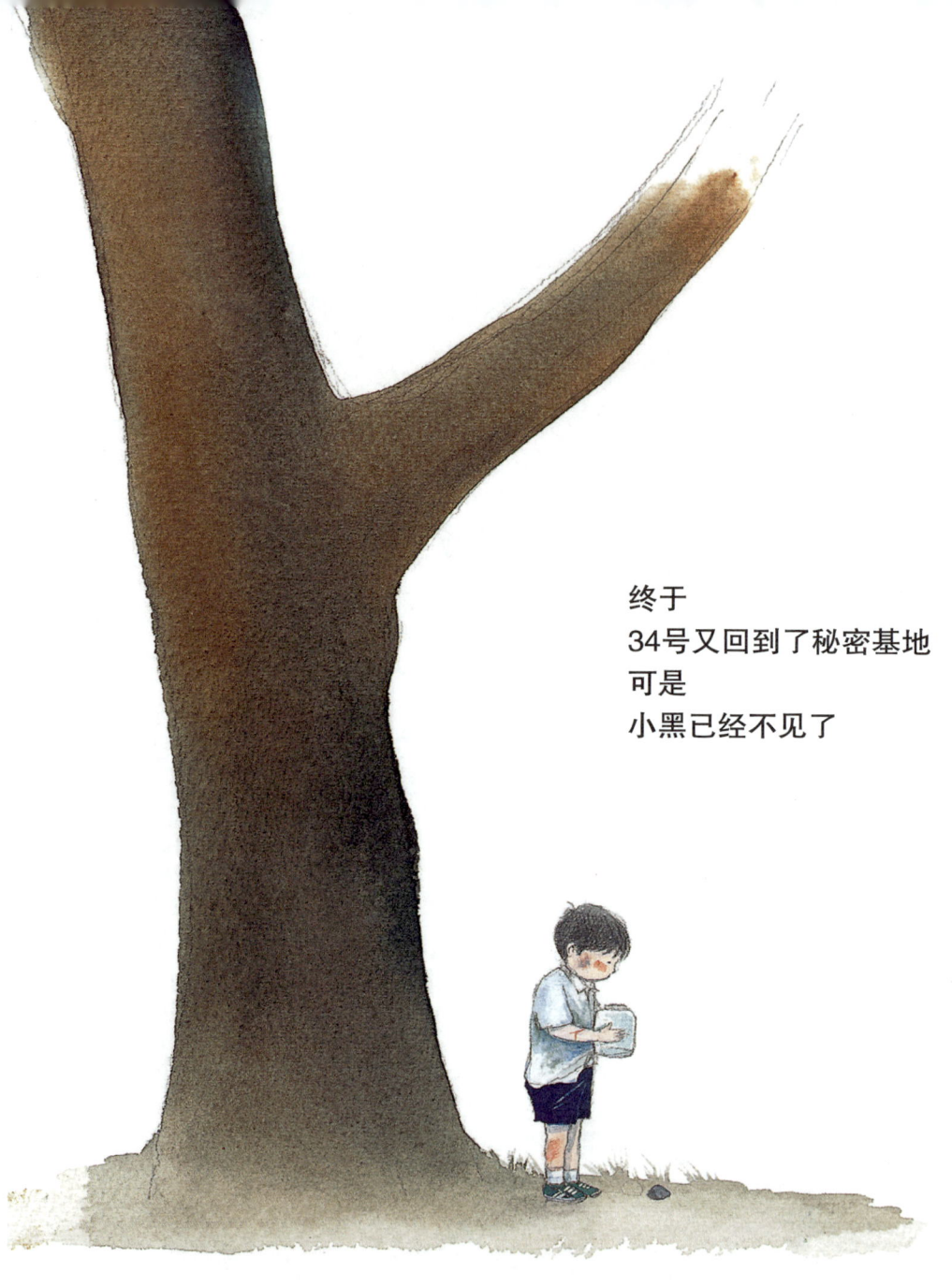

终于
34号又回到了秘密基地
可是
小黑已经不见了

他哭了
忘了哭了多久
终于他累得睡着了……

八 交 换

生命……
会自己找到出路

34号醒了
世界终究没有毁灭
只是更加地巨大……

站在废弃的矮房前
34号回想着阿丁
回想着小黑
他知道
他所渴望的美好
都结束了……

1980年5月
星期三的午后
池塘里再也没有半只蝌蚪
所有的蝌蚪都上岸了
可是34号
已经走不到长大的那一天
秘密基地里
没有快乐
只剩下饥饿与绝望

34号望着清澈的水面
没有人知道
他的心里想到了什么

此刻
出现了一个小孩
慢慢地向他走近……

你是谁？

我是你……
我来跟你交换……

那一天
一个叛逆的小孩在树林里消失了
再也没有任何人看见……

2006年5月

后记

后来那个小孩代替34号回到了学校，
变成一个平凡的学生，
偶尔得到一些奖励，也跟着大家一起受罚。
在这样的体制下，努力背书考试，
顺着大人的期望念完了大学。
而现在
他正在杂乱的工作桌上，
写下这个故事的最后一段……

成长让我们明白了
没有一个人可以恣意妄为地活着，
这故事里的每个人，
甚至是你我，
都可能同样感到自己正被一个无形的牢笼囚禁着。
于是每一天在无数的角落里，
我们其实都在用真正的自己
和他人所期待的自己交换，
借此，
我们找到了顺利存活的方式。

可是，当交换后的我们终于融入了人群，
当我们赶上了世界的运转，
而习惯用更多的目标将自己填满，
此刻我们所付出的努力，
最后的最后又为了交换什么？

一个小孩想要变成流浪狗，
让我想起了1980年那一个小孩告诉我：
我只想要快乐……

那一天所有的人都以为34号屈服了，
不是的，他只是想到了可以延续自己的方法。
而现在，代替他回到现实生活的我，
究竟是帮他找到了快捷方式，
还是迷失在更曲折的路上？

你长大就懂了，
现在的你真的懂了吗？
或许，我们不妨再一次回头看看，
那个曾经单纯的灵魂。

这本书的主角是一年甲班34号，
而你又是几号？
你还记得那是一个什么样的故事？

现在，我该回到那个无人知晓的树林了，
当我找到34号，
我会再一次跟他说：
我是你，
我来跟你交换。

这本书献给刚出生的小侄女——洁英

Der Titel der Originalausgabe lautet:
Yi nian jia ban 34 hao 一年甲班 34 号
Copyright der Originalausgabe 2006 China Times Publishing Company 時報出版, Taipei

Autor (Illustrationen und Text): En Zuo (Enzo) 恩佐
Aus dem Chinesischen übersetzt von Buchta, Katrin

Copyright © der deutschsprachigen Ausgabe
Chinabooks E. Wolf und E. Wu, Bühlstrasse 45B, CH-8055 Zürich, Schweiz
Neue Adresse ab Oktober 2011:
Haldenstrasse 43, CH-8045 Zürich, Schweiz
1. Auflage 2011

Tel.: 0041 (0)43 540 40 77
Email: bestellen@chinabooks.ch
Website: www.chinabooks.ch

Printed in China

ISBN: 978-3-905816-32-7

Die Übersetzung aus dem Chinesischen wurde mit Mitteln der Schweizer Kultur-stiftung Pro Helvetia unterstützt durch litprom-Gesellschaft zur Förderung der Literatur aus Afrika, Asien und Lateinamerika e.V.

Verkauf ausserhalb Chinas in den deutschsprachigen Ländern Deutschland, Österreich und Schweiz.
此书由华瑞图书网在德国, 瑞士, 奥地利三国发行

Chinesisch leicht gemacht

Chinesisch leicht gemacht ist eine Serie für Chinesischlernende zu Grammatik- und Wortschatzthemen, die ursprünglich bei dem renommierten Universitätsverlag Peking University Press erschienen ist. In klarer, leichtverständlicher Sprache wird das Wichtigste aus dem jeweiligen Themenbereich auf konzentrierte Weise dargestellt.

Alle Erklärungen und Erläuterung sind zweisprachig Chinesisch-Deutsch. Die Bände zu Grammatikthemen enthalten zudem Übungen mit Lösungsschlüssel zur Erfolgskontrolle.

Geeignet für Anfänger mit Vorkenntnissen bis zu Lernern der oberen Mittelstufe.

Bislang sind in der deutsch-chinesischen Ausgabe folgende Bände erschienen: Chinesische Grammatik leicht gemacht, Chinesische Zähleinheitswörter leicht gemacht, Chinesische Redewendungen leicht gemacht.

Chinesische Redewendungen leicht gemacht

ISBN: 978-3-905816-35-8

Als Chinesischlernender kennen Sie wohl das Dilemma: Sie lernen schon eine ganze Weile Chinesisch, „kennen" viele Schriftzeichen, aber wenn Sie unter Chinesen sind oder einen Bestseller lesen wollen, den Ihnen chinesische Freunde empfohlen haben, fühlen Sie sich völlig verloren. 马马虎虎 „Pferd-Pferd-Tiger-Tiger." Was bedeutet das? Und was heißt 半瓶子醋 „eine halbe Flasche Essig"? Sie verstehen jedes einzelne Zeichen, aber nicht den Zusammenhang. Ein Wörterbuch hilft meist nicht weiter. Wenn Sie Ihren Lehrer fragen, werden Sie erstaunt feststellen, dass er ihnen eine so kurze Wortgruppe in langen Sätzen erklärt.

Wir haben für Sie dieses Büchlein Chinesische Redewendungen leicht gemacht. Es soll Ihnen helfen, Redewendungen und Sätze zu verstehen, deren einzelne Zeichen Sie alle kennen und die Sie zusammen in keinem Wörterbuch finden. Die Redewendungen in diesem Buch kommen sehr häufig vor, selbst kleinen Kindern gehen sie leicht von den Lippen. Sie sind sehr amüsant und sind durch und durch Ausdruck des chinesischen Humors. Wenn ein Ausländer diese Redewendungen benutzt, ist ihm sofort der Respekt der Chinesen gewiss, denn er spricht ihre Sprache, mit ihrem ganz eigenen Humor.

Chinesische Grammatik leicht gemacht

ISBN: 978-3-905816-33-4

Chinesische Grammatik leicht gemacht richtet sich an Lerner der Grund- und Mittelstufe. Es kann als Nachschlagewerk oder als Lehrbuch verwendet werden. Strukturelle Besonderheiten des Chinesischen, mit denen Lerner immer wieder Schwierigkeiten haben, werden anhand von Beispielen und Schemata erklärt. In vielen Kapiteln finden sich Anmerkungen zu wichtigen Punkten und Tücken, häufig im Vergleich zum Deutschen oder anderen Sprachen.

Die Erklärungen zur Grammatik sind durchgehend zweisprachig Chinesisch-Deutsch. Bei allen Beispielsätzen wurde den Schriftzeichen die Pinyin-Transkription beigestellt.

Mit Übungen und dazugehörigem Lösungsschlüssel.

Chinesische Zähleinheitswörter leicht gemacht

ISBN: 978-3-905816-34-1

Die Vielzahl der chinesischen Zähleinheitswörter erschreckt Chinesischlernende schon bei der bloßen Erwähnung. In anderen Sprachen gibt es kaum Zähleinheitswörter, weshalb sie eine besondere Schwierigkeit beim Erlernen der chinesischen Sprache darstellen. Für deutschsprachige Chinesischlerner gab es bislang nur wenige Bücher über Zähleinheitswörter.

Chinesische Zähleinheitswörter leichtgemacht erleichtert das systematische Erlernen der Zähleinheitswörter und ihrer Verwendung. Insgesamt enthält das Buch 184 häufig verwendete Zähleinheitswörter.

Mit Übungen und dazugehörigem Lösungsschlüssel.

Auslieferung aller aufgeführten Titel an den deutschen Buchhandel über GVA Gemeinsame Verlagsauslieferung Göttingen GmbH & Co. KG, Postfach 2021, D-37010 Göttingen,
Email: info@gva-verlage.de
Tel: 0551/487177, Fax: 0551/41392

Über 6000 weitere Titel der Website www.chinabooks.ch direkt bestellbar bei Chinabooks Schweiz (günstige Versandkosten nach Deutschland):
Chinabooks E. Wolf und E. Wu, Haldenstr. 43, CH-8045 Zürich,
Email: bestellen@chinabooks.ch, Tel.: 0041 (0)43 540 40 77, 0041 (0)76 518 45 26

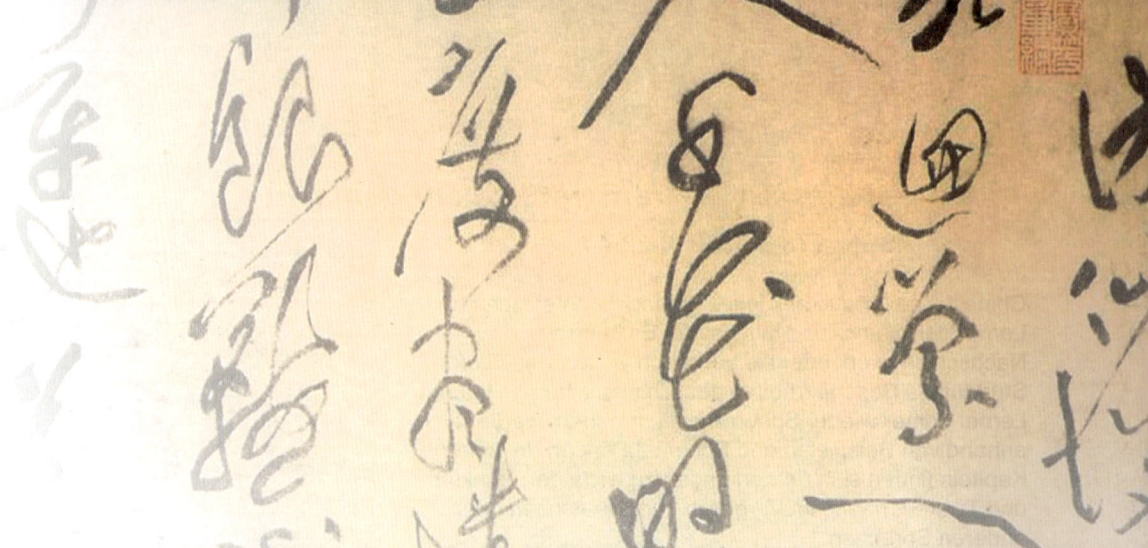